EL PODER

DE LA

VISION

LAS CLAVES PARA ALCANZAR TU DESTINO

INDIVIDUAL Y CORPORATIVO

MYLES

MUNROE

WHITAKER
HOUSE
Español

Traducción al español por:
Sí Señor, We Do Translations
Jorge Jenkins
E-mail: sisenortra@aol.com

Editado por: Ofelia Pérez

EL PODER DE LA VISIÓN
Las claves para alcanzar tu destino individual y corporativo
(*Versión Abreviada*)

© 2023 Dr. Myles Munroe
ISBN: 979-8-88769-080-3

Whitaker House
1030 Hunt Valley Circle
New Kensington, PA 15068
www.whitakerhouse.com

Para comentarios sobre este libro o para información acerca de otros libros publicados por Whitaker House, favor de escribir a: comentarios@whitakerhouse.com.

1 2 3 4 5 6 7 8 9 10 11 **UJ** 30 29 28 27 26 25 24 23

ÍNDICE

1

LA VISIÓN: LA CLAVE PARA PODER CUMPLIR TU PROPÓSITO EN LA VIDA

Dios ha colocado dentro de cada persona una visión que ha sido diseñada para darle a la vida un propósito y un verdadero significado.

Hace años, durante la temporada de Navidad, mi esposa y yo llevamos a los niños a una tienda muy grande. En ese tiempo, mi hijo Chairo tenía como cuatro años de edad, y sus ojos se encendieron de brillo cuando vio un caballito mecedor de madera. Él se subió en el caballito, se agarró fuertemente de las orejas del caballo y comenzó a mecerse para adelante y para atrás. Después de unos minutos, traté de quitarlo, pero se enojó mucho. Cuando ya nos íbamos a salir de la tienda, él todavía seguía divirtiéndose en ese caballito, así que lo dejamos ahí jugando, mientras que caminábamos una última vez por la tienda y le dijimos a nuestro hijo que era tiempo de ir a casa. Cuando regresamos, Chairo se estaba meciendo aún más aprisa. Para entonces, él ya se había estado meciendo como por una media hora, y estaba empapado de sudor. A medida que yo lo observaba, sentí como si Dios me estuviera diciendo: "Esta es la manera como la mayoría de las personas acostumbra vivir. Trabajan muy duro, sudan bastante; pero en realidad no están progresando en ninguna cosa en la vida. No van a ningún lado".

Nuestro mundo está lleno de personas que están muy ocupadas, pero sin hacer nada en forma efectiva ni estar satisfechos con nada. Hacen muchas cosas, invirtiendo tiempo y energía, pero completando muy pocas de valor. Pasan sus vidas haciendo mucho movimiento, pero sin avanzar a ningún lado.

¿Adónde vas tú en la vida? ¿Qué pasa con tu propia vida? ¿En qué estás usando tu preciosa energía? ¿Qué logros estás teniendo?

¿Te levantas cada día con un sentido de anticipación y significado debido a que sabes que estás haciendo aquello para lo cual naciste?

¿Acaso sientes que tu trabajo es completamente compatible con tus habilidades y con tu personalidad? O ¿acaso estás derramando tu vida hacia tu trabajo sin sentirte realizado y sin que se vea fruto de lo que haces?

¿Has estado pasando tu vida, ayudando a alguien más a que se vuelva rico, mientras que tú te quedas con muy poco o con nada? ¿Tal ves has pensado en secreto que fuiste hecho para hacer algo importante en la vida, pero ni siquiera sabes lo que es?

Uno de los dilemas de la sociedad contemporánea parece ser la falta de significado y de propósito en cada día de la vida cotidiana. Algunas personas son demasiado conscientes de que no están realizando todo su potencial. Comienzan la semana arrastrando el día lunes, y viven esperando a que llegue el fin de semana debido a que odian sus trabajos. Toda su vida parece estar centrada en esos dos días en que son libres de ese sentimiento de estar atrapados que experimentan en su lugar de trabajo. Anhelan poder ir en busca de sus propios intereses y talentos. En la obra *Waiting for the Weekend* [Esperando el fin de semana], su autor, Witold Rybczynski escribió:

"Para mucha gente, el tiempo libre del fin de semana se ha convertido no en una oportunidad para escapar del trabajo, sino en una oportunidad para crear otro tipo de trabajo que tenga más importancia y significado (el hecho de poder trabajar en el esparcimiento y entretenimiento), para poder llevar a cabo las satisfacciones personales que su lugar de trabajo ya no les ofrece".[1]

Otras personas están aparentemente contentas con su vida, pero tienen un vago sentido de que tal vez podría haber más significado en su vida del que están experimentando. Pero hay otros que viven en un nivel muy superficial, buscando una serie de logros emocionales que siempre los deja vacíos y hace que continuamente estén buscando la siguiente excitación emocional que tal vez pueda satisfacerlos. Ninguno de estos grupos de personas se da cuenta que, escondido dentro de ellas es donde se encuentra la clave para vivir una vida más realizada de lo que jamás se han imaginado. Ya sea que se encuentran satisfechas o insatisfechas con sus vidas, el objetivo eventual de la mayoría de las personas es el retiro o la jubilación. ¿Hemos nacido solo para ir a través de ciertos rituales de la vida como buscar un trabajo, casarse, comprar una casa, criar hijos, cambiar trabajos o cambiar profesiones, retirarse o jubilarse, y entonces morir? ¿O acaso hay más que esto en la vida?

1. Witold Rybczynski, "Waiting for the Weekend", *The Atlantic Monthly*, agosto de 1991. http://theatlantic.com/issues/91aug/rybczynski-p2.htm (revisado el 31 octubre de 2002).

NINGUNA RAZÓN PARA VIVIR

Si tú le preguntas a las personas: "¿Cuál es la razón de que existas?", la mayoría no va a ser capaz de contestarte. No pueden explicar su propósito en este mundo. No tienen visión alguna para sus vidas.

¿Tú tienes un sentido de un propósito personal?

¿Sabes por qué naciste?

¿Tu propósito te da esa pasión para vivir? Me puedes preguntar: "¿Acaso realmente necesito una razón para existir?". Y mi respuesta es: "¡Definitivamente!". La vida fue hecha para que tuviera significado. No naciste solo por el simple hecho de hacerlo. Si todo lo que tienes como esperanza después de haber trabajado durante años para otras personas es solo un reloj de oro y una pensión de jubilación, tu vida es una tragedia. Puedes saber la razón de tu existencia y experimentar una vida fabulosa a la luz de ese conocimiento. La vida no tiene que ser algo sin objetivo, ni como un ejercicio repetitivo, debido a que no fuiste enseñado para moverte solo como un caballito mecedor. Fuiste enseñado para llegar a algún lado, para dirigirte a un destino.

VIVIR SIN UN SUEÑO

Cuando les hablo a grupos de personas acerca de la visión, ya sea que lo haga bajo un contexto de negocios, de gobierno o de la iglesia, siempre enfatizo la siguiente verdad, porque creo que es crucial que cada uno de nosotros entienda esto: *la persona más pobre en este mundo es una persona que no tiene sueño alguno.*

Tal vez nunca has sabido lo que quieres hacer con tu vida. O tal vez una vez tuviste un sueño, pero lo perdiste de vista a través de circunstancias desalentadoras o por medio de las muchas ocupaciones que exige el estilo de vida de ir día por día. No importa qué tanto dinero tengas, si no tienes una visión clara para tu vida, eres verdaderamente pobre. Se ha dicho que si tú no sabes hacia dónde te diriges, cualquier camino te puede llevar ahí. Lo que es peor, ni siquiera sabrás cuando has llegado. A menos que tengas un claro entendimiento del punto hacia donde te diriges, las probabilidades de que llegues ahí son muy pobres, en el mejor de los casos.

El problema es que la mayoría de las personas no tiene visión más allá de sus circunstancias actuales. Sin una visión del futuro, la vida pierde su significado. La ausencia de significado lleva a la falta de esperanza. Cuando las personas carecen de esperanza acerca de las situaciones de su vida, se llenan de resentimiento hacia sus trabajos o hacia su familia. Sienten como que han estado desperdiciando su vida y que han comenzado a vivir teniendo un vago anhelo interno que es constante, buscando algo más. No importa qué tanto dinero tenga una persona, cualquiera que vive de esta manera es muy pobre. Una vida sin visión es una existencia que ha sido golpeada por la pobreza.

Pero si tú puedes ver más allá de tus circunstancias actuales, si puedes tener esperanza para el futuro, tú tienes verdaderas riquezas, sin importar qué tanto dinero tengas en la cuenta de tu banco. Esta es la razón de por qué la Biblia nos anima con estas palabras: *Porque yo sé los planes que tengo para vosotros"—declara el Señor—"planes de bienestar y no de calamidad, para daros un futuro y una esperanza"* (Jeremías 29:11).

No importa lo que has hecho o dejado de hacer hasta este momento, si puedes ver aquello que puedes llegar a tener. Esta visión es la clave para la vida, porque donde hay un sueño, hay una esperanza, y donde hay esperanza, hay fe, y la fe es la sustancia o el cumplimiento de aquello que estás esperando (ver Hebreos 11:1)

VIVIR CON SUEÑOS NO REALIZADOS

El hecho de tener una visón o un sueño es algo inherente al ser humano. ¿Cuál es tu sueño? ¿Qué es aquello que te imaginas haciendo? ¿Qué es aquello que quieres llegar a hacer? ¿Acaso estás haciendo lo que realmente quieres hacer con tu vida?

Tal vez algún día tuviste ideas de lo que querías llegar a hacer y a ser, y hoy en día todavía tienes esas ideas.

¿Te ves a ti mismo convirtiéndote en un abogado y abriendo tu propia oficina de abogados?

¿Sueñas con ser propietaria de una exitosa boutique donde la gente esté esperando, formados en una línea para comprar los artículos de moda que tú diseñaste?

¿Has pensado acerca de ser el dueño de una guardería para niños que tiene reputación de primera clase y que les da servicios a doscientos niños?

¿Quieres escribir una novela?

¿Te imaginas a ti mismo como propietario de un negocio muy próspero y siendo capaz de darle mucho dinero a tu iglesia?

¿Acaso sueñas con regresar a la escuela y poder hacer algo con tu educación y con tus habilidades académicas?

Para cuando llega el fin de semana, muchos de nosotros nos sentimos muy cansados. La pregunta es, después de habernos cansado hasta morir, ¿nos encontramos más cerca de donde queríamos llegar? Las personas tienen todo tipo de ideas en sus mentes, pero rara vez actúan sobre ellas. Este es el patrón que ocurre con mucha frecuencia: pasan cinco o diez años y todavía no han hecho nada que ayude a que realicen sus sueños. Pasan veinte años, y todavía no han llegado a hacer lo que realmente querían, ni han llegado a cumplir lo que querían crear o construir.

La persona más frustrada en el mundo es alguien que tiene un sueño o una visión, pero que no sabe cómo hacer para que esto se cumpla. Esta es la persona cuyo sueño o visión se ha convertido en una pesadilla de expectativas no realizadas. Cuando las personas sienten que solo andan vagando a través de la vida y que están desperdiciando su potencial, su desaliento puede derramarse hacia otras áreas de su vida, incluyendo sus relaciones, lo cual causa dolores adicionales. Estas personas han llegado al final de sus vidas, completamente secos, en lugar de estar totalmente realizados, debido a que no existe relación alguna entre sus trabajos y su visión; no existe relación alguna entre sus circunstancias actuales y sus sueños o visiones.

Tal vez en este momento tienes tantos sueños o visiones que no se han realizado, que has llegado al punto en que duele mucho el tratar de soñar en algo más. Tal vez comenzaste a ir en busca de tu visión, pero te desviaste o algo malo sucedió, y lo abandonaste (no había suficiente dinero, demandaba mucho tiempo de ti, había gente en contra tuya debido a esto, tu trabajo regular fue muy demandante, o tu propia familia dijo que esto nunca iba a llegar a ser posible). Debido a que el hecho de continuar con tu sueño o visión fue tan difícil, te retiraste, diciendo: "¡Olvídalo! Ya no voy a tratar de ser aquello que realmente quiero ser. Solo voy a obtener un trabajo 'normal' con un sueldo seguro y a conformarme. Voy a vivir como una persona normal, con amigos normales, y en una casa normal, recibiendo un sueldo normal, y voy a ser sepultado en una tumba normal".

NACIDO PARA SER DIFERENTE

Pero nunca vas a estar satisfecho viviendo de esta manera, debido a que no fuiste creado para ser "normal". Fuiste diseñado por Dios no para mezclarte con todos, sino para destacar en medio de todos. Piensa en los miles de variedades de flores que existen en el mundo. Todas ellas son flores, pero cada una es única en su especie. Piensa en un bosque. A primera vista parece que todos los árboles se mezclan y se confunden unos con otros. Cuando te acercas, sin embargo, ves que la forma de cada árbol es única. Cada árbol tiene hojas con diseños diferentes. ¿Por qué? La singularidad es parte de la creación de Dios.

El diseño individual es algo tan verdadero de la humanidad como lo es su naturaleza. Dios no quiere que ninguna persona se pierda en medio de los demás. Existen más de seis billones de personas en el planeta y ninguna de ellas tiene las huellas digitales que tú tienes. Nos podemos complacer con esta verdad asombrosa, pero es algo que tenemos que recordarnos continuamente, debido a que es muy fácil sentirse perdido en medio de la multitud. Algunas personas pueden considerar que tú eres "solo otra persona más", pero están equivocadas. Nunca le permitas a nadie que te haga pensar de ti mismo como que eres alguien ordinario. Eres una persona única, irremplazable, original. No existe nadie en la tierra como tú. Dios te hizo de esta manera porque quería que fueras perpetuamente raro.

Dios quería que tú fueras de un valor perpetuo, así que te hizo permanentemente raro. Él te creó como algo único dentro de tu clase. Si vas a una barata que se realiza en una tienda de descuento, vas a notar que muchos de los vestidos, sacos o corbatas que están en los exhibidores son iguales. Son muy baratos porque fueron producidos en masa. Pero si quieres una prenda de vestir original totalmente, deberás ir con un diseñador exclusivo.

Tú no eres una prenda de vestir producida en masa: Dios no te ha colocado en un exhibidor para que estés de oferta. Fuiste hecho por un "Diseñador exclusivo".

NACIDOS CON UNA VISIÓN ÚNICA

Dios no solo creó a cada persona sobre la tierra con un diseño diferente, sino que también colocó en cada persona una visión única. Ninguna persona te puede dar esta visión. Puedes asistir a tantos seminarios y conferencias como quieras o como sea posible y recibir todo tipo de enseñanzas maravillosas, pero nadie, excepto Dios, te puede dar la idea para lo cual naciste.

Tu visión tal vez ya sea muy clara para ti, o tal vez se encuentra todavía enterrada en algún lugar de lo profundo de tu corazón, esperando ser descubierta. El hecho de llegar a realizar este sueño o esta visión es lo que le va a dar significado y propósito a tu vida. La verdadera esencia o sustancia de la vida consiste en que encuentres el propósito de Dios y que lo cumplas. Hasta que hagas eso, no vas a estar viviendo realmente.

Dios tiene un sueño y una visión para ti, la cual está dispuesta para llevarte hasta la eternidad debido a que es la eternidad misma la que la está atrayendo hacia sí. Cuando mueras, es porque fuiste hecho para dejar esta tierra. No vives ahora tan solo para vivir después de una pensión o jubilación, sino para vivir con un propósito.

Tienes que estar seguro de que puedas llegar a decir al final de tu vida, tal y como lo dijo Jesús: *¡Consumado es!* (Juan 19:30), y no solo tener que decir: "Estoy pensionado o jubilado", puesto que tu sueño es mucho más grande que solo una mera pensión o jubilación.

Jesús dijo: *Para esto yo he nacido y para esto he venido al mundo, para dar testimonio de la verdad* (Juan 18:37). Tú debes tener una razón clara para tu vida, tal y como Jesús la tuvo. Yo sé cuál es la razón de mi vida. Nací para formar líderes y para entrenarlos de tal manera que puedan impactar naciones enteras y a todas las generaciones venideras. Esta es mi razón para vivir. Nací para inspirar y para sacar a ese líder escondido que se encuentra en cada ser humano que yo conozco. Cuando tú estás cerca de mí, de repente te vas a sentir muy bien con relación a tu propia persona. Si pasas suficiente tiempo conmigo, vas a comenzar a ser la verdadera persona que eres. ¿Por qué? Porque nací para esto. Fui hecho para esto. ¿Para qué te ha hecho Dios a ti?

NACIDOS PARA SER CONOCIDOS POR ALGO

Cada ser humano fue creado para llevar a cabo algo específico que *nadie más puede hacer*. Es crucial que entiendas esta verdad: fuiste diseñado para ser conocido por algo especial. Fuiste hecho para hacer algo que te va a hacer inolvidable. Naciste para hacer algo que el mundo no va a poder ignorar.

La Biblia es un gran libro para registrar las historias de personas que hicieron pequeñas cosas que el mundo no puede olvidar. Un ejemplo es Rahab, la prostituta, que arriesgó su vida por gente que ella ni siquiera conocía. Ella nació para esconder a los espías de Josué para que los israelitas pudieran derrotar a Jericó (ver Josué 2, 6). Cada uno que lee el Antiguo Testamento llega a conocer su acto de heroísmo.

En el Nuevo Testamento, hay una historia acerca de la mujer que tomó el alabastro de perfume y que ungió la cabeza de Jesús con ese aceite. Esta mujer estaba buscando una gran oportunidad por medio de arriesgarse y de violar los códigos sociales que existían en sus días y por medio de interrumpir a un grupo de hombres que se habían reunido para una comida. Pero ella había decidido derramar su propia vida en gratitud a Jesús, sin importarle las consecuencias. Algunos de los que estaban presentes la criticaron muy severamente porque había "desperdiciado" un costoso perfume en Jesús, siendo que podía haber sido vendido para fines de caridad. Pero Jesús les dijo a ellos: *Dejadla... Y en verdad os digo: Dondequiera que el evangelio se predique en el mundo entero, también se hablará de lo que esta ha hecho, para memoria suya* (Marcos 14:6, 9).

No importa qué tan pequeño sea el detalle que tú hagas, si pones toda tu vida en ello, nunca será olvidado.

UNA VISIÓN PARA TU VIDA

Es un hecho profundamente triste que mientras que a todos se nos ha dado visiones únicas, muchos de nosotros enterramos nuestros sueños dentro de una existencia de mucho menor calidad, haciendo de nosotros mismos un cementerio para el precioso tesoro de Dios.

Has pasado tanto tiempo tratando de agradar a tus amigos que ya ni siquiera sabes quién eres o de qué se trata tu vida? Si es así, no te estás haciendo a ti mismo ningún favor. No estás cumpliendo tu propósito. Tal vez tienes cuarenta años de edad. ¿Qué has hecho hasta ahora que el mundo no va a poder olvidar? ¿Cuánto más vas a ir a la deriva, sin trabajar en la dirección de tu sueño? La falta de responsabilidad se puede convertir en una ocupación de tiempo completo. Hay personas que son expertas en esto. Saben exactamente cómo evitar los asuntos reales de la vida con mucha precisión. Es deprimente estar alrededor de personas que solo están existiendo; pero es excitante estar alrededor de personas que saben lo que están haciendo y hacen aquello para lo cual nacieron.

Muchas personas pasan toda su vida vagando muy lejos de aquello para lo cual Dios los hizo, debido a que nunca han llegado a reconocer en primer lugar quiénes son. La gente no llega a realizar sus visiones debido a que no tienen sentido del destino. Dicen: "Bueno, tengo un trabajo. Solo quiero mantenerlo seguro". El solo hecho de mantener un trabajo o de aferrarse a un trabajo es como si únicamente te estuvieras manteniendo a flote. Cada trabajo debería colocarte en una posición hacia una meta que es mucho mayor que el presente para que puedas llegar a realizar tu visión.

Necesitamos ser como los apóstoles, que fueron conocidos por sus hechos y no solo por su palabrería. El libro bíblico que habla de ellos se llama los Hechos de los Apóstoles debido a que fueron *hacedores*. Ellos tenían un destino y estaban ocupados trabajando hacia ese destino. Nunca se montaron en un caballito mecedor. Al contrario, estaban cambiando sistemas. Estaban afectando al gobierno. Transformando al mundo. Las naciones tenían miedo de ellos y pueblos enteros se ponían nerviosos cuando aparecían porque se había dicho de ellos: *Esos que han trastornado al mundo han venido acá también* (Hechos 17:6). ¿Cómo se siente la gente cuando tú apareces? ¿Acaso dicen:

"Oh, aquí viene este otra vez. Tal vez tiene otra de sus ideas"? El cambio siempre le va a molestar a la persona que está contenta con estar estancada, pero esto no te debe detener a ti. Debes ser conocido por tu visión.

AQUELLO QUE TE VA A DAR TU VISIÓN

He observado tres tipos de personas en el mundo. En primer lugar, están aquellos que parecen no darse cuenta o ser conscientes de las cosas que suceden a su derredor. En segundo lugar, están aquellos que preguntan: "¿Qué es lo que ha sucedido?". Y en tercer lugar, están aquellos que hacen que las cosas sucedan.

Una persona con visión es más grande que la fuerza pasiva de noventa y nueve personas que solo están meramente interesadas en hacer algo o en llegar a ser alguien. La mayoría de las personas tiene interés en su destino, pero no tienen ninguna pasión o impulso que los lleve a realizarlo. No creen completamente en los sueños que Dios ha puesto en sus corazones. Si creen en ellos, no hacen las cosas que son necesarias para llevarlos en la dirección de su realización.

¿Has podido descubrir cuál es tu visión? El hecho de encontrar algo en lo que puedas poner todo tu ser va a llenar tu vida con una nueva esperanza y con propósito. Te va a dar una razón para vivir. Mi propósito se ha convertido en mi pasión. Me despierta por las mañanas, y me mantiene andando aun cuando estoy cansado. Es un antídoto contra la depresión. Hace que yo tenga gozo en medio de una gran oposición debido a que yo sé que lo que Dios me ha dado para llevar a cabo no puede ser detenido por nadie.

Cuando descubres tu visión, te va a dar energía y pasión. En Eclesiastés 9:10 dice lo siguiente: *Todo lo que tu mano halle para hacer, hazlo según tus fuerzas.* La visión en tu corazón es la chispa que te va a permitir ir en busca de tu sueño porque, a menos que tú lo busques con todo tu entusiasmo y con todas tus fuerzas, no va a suceder jamás. Sin embargo, si estás dispuesto a poner toda tu energía en ello, nada te va a poder detener de lograr el éxito. Debes poner todas tus fuerzas en ello. Los ingredientes indispensables para el éxito son la diligencia y el trabajo duro, pero estos requieren de una motivación interna. Esa motivación es la visión.

La visión es el motivador principal de la acción humana y, por lo tanto, todo lo que hagamos debería ser con base en la visión que Dios ha colocado en nuestro corazón. La visión influencía la manera en que te comportas durante toda tu vida, incluyendo en lo que usas tu tiempo y dinero, y también en las cosas que se conviertan en tus prioridades. Sin visión, no tienes valores para poder guiar tu forma de vida. La vida no tiene ningún sentido de dirección. La actividad no tiene ningún sentido. El tiempo no tiene propósito alguno. Los recursos no tienen ninguna aplicación.

La visión es el jugo de la vida. Es el principal requisito para la pasión, y es la fuente de la persistencia. Cuando tienes visión, sabes cómo mantenerte en la competencia y cómo llegar a realizarla.

TU DON VA A PREPARAR EL CAMINO PARA TI

¿Cómo es que funciona el cumplimiento de una visión en términos prácticos? Proverbios 18:16 es una declaración poderosa que nos revela la respuesta: *La dádiva del hombre le abre camino y lo lleva ante la presencia de los grandes.* Fuiste diseñado para ser conocido por medio de tu don. Dios ha puesto un don o un talento en cada persona que está destinada a estar en este mundo.

Es este don o este talento el que te va a capacitar para poder realizar tu visión. Va a abrirte camino en la vida. Es mediante el ejercicio de este don que vas a encontrar la verdadera realización, el propósito y el contentamiento en tu trabajo.

Es interesante notar que la Biblia no dice que sea la *educación* del hombre la que le abre camino, sino que es su don o talento el que le abre camino. Si eres inteligente, pero no estás ejercitando tu don, es muy probable que vas a acabar siendo pobre. Si eres muy educado, pero no has desarrollado tu talento, lo más probable es que acabes deprimido, frustrado y agotado; vas a acabar odiando el hecho de tener que ir a trabajar los lunes por la mañana. Existen aquellas personas que se han graduado y tienen títulos en finanzas, y que a su vez tienen muchas dificultades para pagar sus propios gastos.

La educación en sí misma no garantiza nada; es tu don lo que va a ser la clave para tu éxito. La segunda parte de Proverbios 18:16 dice: *Y lo lleva ante la presencia de los grandes.* No te das cuenta de que el don en que te has estado sentando está cargado de bendición. El mundo no se va a mover para ti solo por el hecho de que seas muy listo. Sin embargo, cada vez que tú ejercites tu don, el mundo no solo va a hacer lugar para ti, sino también te va a pagar por ello. Cualquiera (incluyéndote a ti mismo) que llegue a descubrir su don y lo desarrolle, se va a convertir en alguien muy comercial.

Miguel Ángel invirtió toda su vida en su arte. Esta es la razón por la que todavía lo recordamos a más de quinientos años de cuando él vivió. Bethoven y Bach se entregaron completamente a su trabajo, y la música de ellos vive para siempre. Alejandro

Graham Bell creyó que el sonido se podría convertir en impulsos eléctricos y que podía ser transmitido por un cable. Nadie recuerda a toda la gente que pensó que Bell estaba loco; recordamos solamente al hombre que tuvo la visión para crear el teléfono. Tomás Edison, repetidamente pasaba ocho o nueve días seguidos encerrado en un cuarto, trabajando en sus experimentos. Él no solo creó el foco por pura casualidad; él tenía una visión.

Si tú haces las cosas a medias, probablemente vas a ser capaz de encontrar algún tipo de trabajo, aunque siempre vas a ser un empleado mediocre. Es cuando decides que vas a ir a encontrar aquello que es verdaderamente tuyo, que vas a poder encontrar tu don o talento, y podrás realizar tu visión y ser recordado por otros.

DESARROLLA TU DON

Aunque el don está dentro de nosotros, tenemos la responsabilidad de desarrollarlo. El apóstol Pablo le escribió a Timoteo: *Por lo cual te recuerdo que avives el fuego del don de Dios que hay en ti por la imposición de mis manos* (2 Timoteo 1:6). En la Biblia *Traducción al Lenguaje Actual*, el versículo también se traduce: *No dejes de usar esa capacidad especial que Dios te dio.* El don o el talento no es algo que aprendemos. Es algo que Dios nos da. Es algo que necesitamos descubrir y desarrollar o avivar. Nadie más puede activar tu don por ti. Tú tienes que hacerlo por ti mismo.

Tú desarrollas o activas tu don por medio de hacerlo, refinarlo, mejorarlo y usarlo. Aquí es donde entra la educación. La educación no puede darte tu don, pero puede ayudarte a desarrollarlo para que pueda ser usado al máximo. Proverbios 17:8 dice: *Talismán es el soborno a los ojos de su dueño; dondequiera que se vuelva, prospera.* Un don es como una piedra preciosa para quien lo posee, y cada vez que lo usa y desarrolla se convierte en prosperidad. Si usas tu don, te hará prosperar. Mucha gente trabaja por el dinero. Debemos trabajar para la visión que hay dentro de nosotros.

Tú no tienes que imitar los dones de otros. Tienes que desarrollar tu propio don. Desafortunadamente, muchas personas se sienten celosas de los dones de otras personas. Los celos son solo ladrones de los dones. Es una fuga de energía que siempre va a apagar la pasión que hay en ti. Deberías estar tan ocupado desarrollando tu propio don, de modo que no tengas tiempo para estar celoso de nadie más y que tampoco tengas tiempo para sentir lástima por ti mismo.

Aunque todos nacemos como algo muy original, la mayoría de nosotros nos convertimos en imitadores. Yo solía pensar en convertirme como todos los demás y en formar parte de la misma carrera de ratas en donde estaban los demás. Pero muy pronto, me pude dar cuenta que si todas las ratas participan en la misma carrera, y tú llegas a ganar, solo acabas por convertirte en la Rata Mayor. Recomiendo, por tanto, que te salgas de la carrera de las ratas, que dejes de competir con la comunidad, deja de estar concursando con la sociedad, deja de tratar de ser como las familias más ricas, deja de tratar de agradar a todo el mundo y decide de una vez por todas: "No voy a ser una rata. Voy a encontrar mi propio lugar. Voy a hacer lugar para mí en el mundo por medio de usar mi propio don o talento".

Tal vez tienes cincuenta y cinco años de edad, o sesenta y cinco o setenta años. Estás viendo a los cincuenta años que ya pasaron y te preguntas: "¿Qué es lo que he hecho con mi vida?, ¿con qué he contribuido a la raza humana?, ¿qué es lo que he dejado para la siguiente generación para que puedan decir que yo estuve aquí?... No he dejado ninguna huella en las arenas de la historia". ¿Te has puesto a reflexionar que hubieras tenido un mejor entendimiento de lo que es la visión cuando eras joven? ¿Estás pensando: *Ahora soy muy viejo. Ya no tengo la energía, ni el tiempo para desarrollar ningún don?*

Me pone profundamente triste que muchas personas en el mundo han trabajado tanto toda su vida y han realizado tan poco. Pero si crees que eres muy viejo para poder usar tu don, estás creyendo una mentira. Leemos en la Biblia que Dios fue a las personas que ya habían pasado de la edad para retirarse, y Él los consoló. Ellos se convirtieron en algo notorio en la historia porque ecomenzaron cuando otros (y aún ellos mismos) pensaron que sus vidas estaban casi acabadas. (Ver las historias de Abraham y de Sara en Génesis 18:11-15; 21:1-8, y a Elizabeth y Zacarías en Lucas 1). Tu don te va a restaurar tu juventud. Tu don te va a dar energía y fuerzas. Vas a estar mucho más sano. Vas a dejar de hablar acerca de morirte y a comenzar a hablar acerca de vivir.

REALIZA TU VISIÓN

Si tienes un sueño, o si quieres descubrir tu visión, debes recordar esto: Dios ama a los soñadores y visionarios. Él da visiones y le atraen las personas que aman el hecho de soñar en grande. No debes olvidar que eres muy especial, único e irremplazable. Que no fuiste hecho para ser como otros. Cuando decides ser parte de todo lo que es normal, tu destino sufre un corto circuito. Dios quiere que avives el don que Él te ha dado y que lo desarrolles hasta el máximo.

¿Cuál es la diferencia entre el soñador que llega a realizar su sueño y el soñador cuyo sueño se convierte en una pesadilla de esperanzas no realizadas para él? El soñador que alcanza el éxito es alguien que tiene una visión muy clara y que actúa basado en ella. Hasta en tanto que la persona se pueda aferrar a su visión, siempre habrá oportunidad para él y que se pueda mover de sus circunstancias actuales hacia el cumplimiento de su propósito.

Si te sientes atrapado, subestimado en tu trabajo o utilizado muy por debajo de tus capacidades; si eres dueño de tu propio negocio y quieres que crezca; si quieres saber cómo ir en busca de tus objetivos en la vida; si eres el líder de una organización o de un grupo; si tus hijos están creciendo o se encuentran en la escuela todavía y estás considerando revivir viejos objetivos e intereses; o dondequiera que te encuentres en la vida en este momento, este libro te hará capaz de entender la visión y comprender por qué es tan importante para el éxito; descubrir y poder vivir tu propósito en la vida; identificar las metas y objetivos de tu visión y mantenerte en curso; vencer todo obstáculo que se interponga para tu visión; aprender los principios clave que son necesarios para la realización del sueño o visión de tu vida; desarrollar un plan específico para poder realizar tu visión; y vivir la vida para la cual fuiste diseñado.

Quiero que llegues a realizar tu máximo potencial en el propósito de Dios para tu vida. Quiero que te bajes de ese caballito mecedor y que encuentres un verdadero caballo viviente: la visión de tu vida. Para hacer esto, necesitas entender y practicar los principios que trascienden los modelos actuales y aun la sabiduría convencional. Tu éxito no va a depender del estado en que se encuentre la economía, ni tampoco de las profesiones que actualmente son muy cotizadas, o de cómo se encuentre el mercado de empleos. No vas a ser impedido por tu falta inicial de recursos, ni por lo que la gente piense que puedes o no puedes hacer. Al contrario, los principios probados a través del tiempo que contiene este libro te van a capacitar para realizar tu visión sin importar quién eres tú o cuál es tu pasado.

Eres la suma total de decisiones y elecciones que haces cada día. Puedes escoger quedarte donde te encuentras ahora, o escoger ir hacia adelante en la vida, por medio de ir en busca de tu sueño o visión. Dios te ha dado el poder y la responsabilidad para realizar la visión de tu vida.

Recuerda que fuiste creado para sobresalir y no para ser mezclado con todos. Fuiste creado para realizar algo que nadie más puede hacer.

Nunca esperes nada que sea inferior de aquella meta tan alta que tienes y que te has fijado. No permitas que las personas te digan: "No deberías tener expectativas tan altas". Siempre debes esperar mucho más de lo que tienes o de lo que estás haciendo actualmente.

Sueña en grande. En alguna parte dentro de ti siempre existe la habilidad para soñar. No importa qué tanto reto esto represente, nunca te rindas, porque *tu visión es la clave para realizar el propósito de tu vida*.

2

LA FUENTE DE LA VISIÓN

La visión es previsión con perspicacia y profundidad,
basada en la retrospección.

El primer paso para llegar a realizar tu visión, y que pueda llegar a existir, es el hecho de darte cuenta de que te ha sido dada una visión. Pero ¿exactamente cómo es que tú recibes, llegas a reconocer y activas tu visión? Cuando entiendes la fuente de la visión, aprenderás los secretos de su origen y cómo opera en tu vida. Este conocimiento te ayudará para que puedas llevar tu sueño o visión de ser solo una idea inicial, hasta llegar a su total cumplimiento y realización.

LA VISIÓN VIENE DEL PROPÓSITO

La primera clave para poder entender la visión es el hecho de darse cuenta de que siempre emana o surge del propósito. ¿Por qué? Dios es el autor de la visión, y es su naturaleza tener propósito en todo lo que Él hace. Cada vez que Él ha aparecido en escena en la historia de la humanidad, fue porque quería realizar algo específico y estaba obrando activamente en ello a través de la vida de las personas.

Por lo tanto, Dios es un Dios de acción que se basa en el propósito. Más aun, sus propósitos son eternos. El Salmo 33:11 dice lo siguiente: *El consejo del Señor permanece para siempre, los designios de su corazón de generación en generación*, y en Isaías 14:24 también dice: *Ha jurado el Señor de los ejércitos, diciendo: Ciertamente, tal como lo había pensado, así ha sucedido; tal como lo había planeado, así se cumplirá*. Nada puede interponerse en el camino de los propósitos de Dios; sus propósitos siempre se llegan a cumplir.

DIOS TE CREÓ CON UN PROPÓSITO

En segundo lugar, debemos entender que Dios creó todas las cosas para que cumplan un propósito en la vida. Eso te incluye a ti. Tal vez fuiste una sorpresa para tus padres, pero nunca fuiste una sorpresa para Dios; Él te ha dado un propósito muy especial que tienes que realizar. Las Escrituras dicen que fuiste escogido en Dios desde antes de la fundación del mundo (ver Efesios 1:4-5). Dios planeó por adelantado todo para lo que ibas a nacer y todo lo que ibas a tener que realizar.

Soy continuamente optimista en relación con la vida porque sé que Dios me creó para un propósito y que Él va a hacer que ese propósito se llegue a realizar. Creo que no soy un error, y sé que mi vida tiene importancia y significado. Dios me creó para hacer algo, y no hay nadie más que lo pueda hacer por mí. ¿Crees esto de ti mismo? ¿Sabes que tu vida tiene un propósito? Espero que te llenes más y más de confianza en relación con esta verdad a medida que avanzas en este libro.

NACISTE EN EL TIEMPO CORRECTO

En el libro de Eclesiastés leemos acerca de la revelación de los propósitos de Dios en el corazón de la humanidad. El tercer capítulo comienza, diciendo: *Hay un tiempo señalado para todo, y hay un tiempo para cada suceso bajo el cielo* (Eclesiastés 3:1). Dios no solo te ha dado un propósito, sino que, de acuerdo con esta Escritura, Él también ha determinado el tiempo para que se cumpla ese propósito. Y "hay un tiempo para cada suceso bajo el cielo". Tu propósito puede ser realizado solo durante el tiempo que te ha sido dado en la tierra para llevarlo a cabo.

Dentro de esta temporada que se llama *vida*, Dios también ha señalado tiempos específicos para varias porciones de tu propósito que se tienen que llegar a cumplir. A medida que buscas el sueño o visión que Dios te ha dado, Él lo va a hacer fructificar durante el período de tu vida cuando debe ser realizado. Tal y como dice en Eclesiastés 3:11: *Él ha hecho todo apropiado a su tiempo.* Tú naciste en el tiempo correcto para realizar tu visión durante y en medio de tu generación.

TE FUE DADO UN SENTIDO DE PROPÓSITO

En Eclesiastés 3:10 dice: *He visto la tarea que Dios ha dado a los hijos de los hombres para que en ella se ocupen.* La palabra "tarea" en el idioma original hebreo se podría traducir como "una responsabilidad muy pesada", "una ocupación" o "una responsabilidad". También podría ser descrita como "la urgencia por la responsabilidad". Cada ser humano viene a la tierra con un propósito, que en cierto sentido pesa en él. Ya sea que tengas veinte, sesenta o noventa años de edad, hay una carga dentro de ti, existe una "urgencia por la responsabilidad" para llevar a cabo aquello para lo cual fuiste diseñado. Es un clamor del corazón, un clamor de propósito que dice: "Yo nací para hacer algo que tengo que cumplir o realizar".

¿Ese sentir, ese deseo o esa carga viene de Dios. Dios ha colocado una "urgencia por la responsabilidad" en tu corazón debido al propósito de Dios en ti.

DIOS HA COLOCADO SU PROPÓSITO ETERNO EN TU CORAZÓN

En Eclesiastés 3:11 leemos: *También ha puesto la eternidad en sus corazones; sin embargo, el hombre no descubre la obra que Dios ha hecho desde el principio hasta el fin.* Esta es una declaración muy poderosa. Hay algo dentro de ti que está recibiendo un llamamiento de la eternidad. A menos que hagamos oídos sordos a esto, entonces, cada día debemos despertarnos escuchando el llamamiento que viene de mucho más allá que este mundo. Vivimos en el tiempo y en el espacio, pero el tiempo y el espacio están conectados a la eternidad, y Dios ha colocado algo en tu corazón que está llamando para que lo invisible venga hacia lo visible.

La visión que Dios ha puesto en tu corazón es "un pedazo de la eternidad" que Él te ha dado para que lo entregues en el tiempo y en el espacio, esto es, en la tierra durante el período de tu vida. Lo que Dios puso en tu corazón también es aquello que está en el corazón de Él. Creo que esto es lo que la Biblia quiere decir cuando habla acerca de que "un abismo llama a otro abismo" o "una profundidad llama a otra profundidad" (ver Salmo 42:7). Dios vive en la eternidad, pero te ha colocado específicamente en el tiempo para que otros en la tierra puedan ser capaces de ver un pedazo de eternidad que está en Él. Este pedazo de la eternidad te hace sentir incómodo o insatisfecho con tu vida actual, debido a que todavía no estás manifestando tu propósito.

TU PROPÓSITO SE ENCUENTRA COMPLETAMENTE REALIZADO EN DIOS

La tercera clave para entender la visión es el hecho de darse cuenta de que tu propósito no solo te ha sido dado para que lo manifiestes, sino que también ya ha sido realizado y cumplido en la eternidad. El pasaje siguiente cambió completamente mi perspectiva con relación al cumplimiento de la visión: *Acordaos de las cosas anteriores ya pasadas, porque yo soy Dios, y no hay otro; yo soy Dios, y no hay ninguno como yo, que declaro el fin desde el principio y desde la antigüedad lo que no ha sido hecho. Yo digo: "Mi propósito será establecido, y todo lo que quiero realizaré"* (Isaías 46:9-10).

En esta escritura, Dios menciona dos cosas que Él hace. En primer lugar, Dios establece el final antes de establecer el principio. Esto significa que Él termina las cosas primeramente en el ámbito espiritual y, entonces, Él regresa y las comienza en el ámbito físico. En segundo lugar, Dios revela el resultado final de algo cuando esto apenas está comenzando.

He notado en las Escrituras el principio de que el propósito se establece antes de la producción. En otras palabras, Dios primeramente instituye un propósito y, luego Él crea a alguien o a algo que pueda cumplir ese propósito. Dios es el Alfa y el Omega, el principio y el fin. Con frecuencia, no reconocemos el hecho de que cuando Dios comienza algo, Él ya lo ha terminado en la eternidad. *Él ha hecho todo apropiado a su tiempo. También ha puesto la eternidad en sus corazones; sin embargo, el hombre no descubre la obra que Dios ha hecho desde el principio hasta el fin* (Eclesiastés 3:11). Necesitamos recordar el orden en que Dios opera: primero nos dice cuál va a ser el final del asunto, y entonces Él se regresa y comienza el proceso de hacer que ese final se cumpla, de la misma manera en que un constructor primero desarrolla una idea, hace los planos, y entonces comienza a construir.

¿Cuándo comienzas a construir una casa? ¿Acaso es cuando estás escarbando para los cimientos? Básicamente, comienzas a construir en el momento en que la idea de la casa es concebida. La casa terminada todavía se encuentra en lo invisible; otras personas pueden pasar enfrente de esa propiedad y ellos no ven la casa. Sin embargo, para ti, que entiendes y que conoces lo que está sucediendo, esa casa ya está casi terminada. El hecho de empezar a escarbar para los cimientos es solo el comienzo de hacer que tu propósito se llegue a realizar. Tener visión significa poder ver que algo viene tal y como si ya estuviera ahí. En esencia, Dios nos terminó aun antes de que Él nos hubiera creado.

Dios no solo establece nuestro final, sino que Él también nos da destellos de ello por medio de las visiones que coloca en nuestro corazón. Debemos poner mucha atención a la obra de Dios dentro de nosotros para que podamos ser capaces de entender mucho más de lo que Él *"ha hecho desde el principio hasta el fin"* (Eclesiastés 3:11).

TU COMIENZO ES LA PRUEBA DE TU REALIZACIÓN

Dios quiere que "veas" la realización o terminación de tu visión por medio de conocer que Él ya la ha planeado y establecido aun antes de que tú nacieras. El hecho de que comenzaste es prueba de que estás completamente realizado debido a que Dios siempre termina las cosas antes de que Él comience algo, y siempre cumple sus propósitos divinos. Por lo tanto, en lugar de estar luchando para tratar de cumplir lo que Dios te ha dado para hacer, puedes descansar en Él, en el hecho de que lo va a terminar a medida que le permitas guiarte en los puntos específicos con relación a cómo llevarlo a cabo.

TÚ NO ERES UN EXPERIMENTO

Dios nunca hubiera permitido que comenzaras tu vida y tu propósito a menos que estos ya estuvieran completamente terminados y realizados en la eternidad. Naciste para manifestar algo que ya está completamente realizado y terminado. Debes darte cuenta, sin embargo, que tu final no se parece en nada a tu comienzo, y tampoco se parece a ningún otro punto intermedio del proceso. Esta es la razón por la cual debes vivir por fe, mirando hacia delante y buscando aquello que Dios ya ha terminado; de otra manera, vas a creer solo en aquello que ves con tus ojos físicos en lugar de creer en la visión que ves en tu corazón.

En este punto, quiero hacer bien clara la diferencia entre *propósito* y *visión*. El propósito es la intención para lo cual te creó Dios, es la razón de por qué naciste. El propósito es aquello que Dios ya ha decidido en su propia mente y que estás puesto para comenzar a realizarlo. Por lo tanto, *el propósito es cuando sabes y entiendes aquello para lo cual tú naciste, y la visión es cuando puedes ver esto en tu mente por fe y comenzar a imaginártelo.* Cuando eres capaz de ver tu propósito, tu visión cobra vida.

Me gusta definir visión así: *la visión es previsión con perspicacia y profundidad, basada en la retrospección.* Tenemos perspicacia y profundidad dentro del propósito de Dios para nosotros, basados en que sabemos que Dios ya la terminó en la eternidad. *La visión es un destello de nuestro futuro que Dios ya propuso.* No sabemos todos los detalles acerca de cómo es que nuestro propósito se va a desarrollar, pero podemos ver sus "detalles finales" porque Dios nos los revela a nosotros por medio de las visiones que Él nos ha dado. Esta es la razón de por qué podemos estar confiados que sí se van a llegar a cumplir.

Supongamos que no tienes el dinero que se necesita para realizar tu visión. De hecho, Dios te dice: "Yo ya he estado donde tú vas, y tú vas a contar con todo aquello que necesitas". Él nos dice que nuestras visiones se van a realizar, y esto es lo que nos da el valor y el coraje, y evita que nos entristezcamos cuando las cosas se ven como si nunca se fueran a poder realizar.

FUISTE DISEÑADO PARA CUMPLIR TU PROPÓSITO

Cuando Dios te creó con un propósito, Él también te diseñó perfectamente para que seas capaz de realizarlo. Te preparó en una manera específica para que pudieras tener todos los componentes necesarios para poder cumplir la visión que Él te dio. Nunca debes preocuparte por el hecho de que seas capaz o no de cumplir o realizar la visión de tu vida. El hecho de que fuiste creado para realizarla significa que ya posees todo lo que se necesita para cumplirla. Dios siempre nos da la habilidad para hacer cualquier cosa que Él nos pida.

La visión es acerca de Dios. El propósito, por lo tanto, es la fuente de tu visión. Tu propósito existió antes de que llegaras a existir. Aquello para lo cual naciste fue realizado por Dios aun antes de que entraras en escena, y Él ordenó tu nacimiento a fin de que lo realices. Dios no te creó y entonces dijo: "Déjenme ver qué es lo que puedo hacer con este". Él no solo crea algo para después decidir en qué lo va a usar. Él siempre sabe primero lo que quiere, y entonces asigna a alguien o algo para que lo realice para Él.

Por consecuencia, en su misma esencia, la visión no es acerca de nosotros, es acerca de Dios. En Proverbios 19:21 dice lo siguiente: *Muchos son los planes en el corazón del hombre, mas el consejo del Señor permanecerá.* La verdadera visión no es un invento humano. Trata acerca de los deseos que Dios quiere impartirnos. No es nuestra perspectiva privada acerca del futuro; al contrario, es la perspectiva inspirada de Dios acerca de nuestro futuro. La visión es aquello en donde Dios quiere que contribuyamos para la edificación de Su reino en la tierra. Su propósito fue perfectamente establecido mucho antes de que tuviera cualquier plan para nuestras vidas. Debemos consultar a Dios para poder conocer sus propósitos para nosotros, y de esta manera podamos hacer los planes adecuados. En Eclesiastés 3:14 dice: *Sé que todo lo que Dios hace será perpetuo; no hay nada que añadirle y no hay nada que quitarle; Dios ha obrado así, para que delante de Él teman los hombres.*

TÚ YA CONOCES TU VISIÓN

En cuarto lugar, debemos entender la clave para poder reconocer la visión personal. Para poder encontrar tu visión, tienes que ver dentro de ti mismo, que es el lugar donde Dios la ha colocado. La clave es esta: *la voluntad de Dios está tan cerca de nosotros como nuestros pensamientos más persistentes y nuestros más profundos deseos.*

LA VISIÓN ESTÁ TAN CERCA DE TI COMO TUS MÁS PROFUNDOS DESEOS

El Salmo 37:4 nos dice: *Pon tu delicia en el Señor, y Él te dará las peticiones de tu...* ¿Deseos de tu qué?: *Tu corazón.* Espera un momento. ¿Acaso Dios no nos da deseos del cielo? Sí, sí lo hace. Nuestros deseos se originaron ahí; pero debes recordar que Dios ha colocado los deseos que tiene para ti dentro de tu corazón. Él puso los planes para tu vida dentro de ti cuando naciste, y estos planes nunca han salido de ti. El corazón, en este caso, significa tu mente subconsciente. Dios puso sus planes ahí porque Él quiere estar seguro de que los encuentres. Algunas veces, sus ideas llegan en formas múltiples. Dios tal vez puso cinco o seis cosas en tu mente que Él quiere que hagas, y cada una de ellas es para una temporada diferente o para una época diferente de tu vida.

Pero ya sea que Él te dé una idea o seis ideas, los pensamientos de Dios son consistentes. Van a estar presentes a través de toda tu vida. No importa hasta qué edad crezcas, los mismos pensamientos van a seguir regresando hacia ti y los deseos nunca te van a dejar. Esto se debe a que la voluntad de Dios para ti nunca cambia. La Biblia dice: *Los dones y el llamamiento de Dios son eternos e irrevocables* (Romanos 11:29). Los detalles específicos de tus planes pueden cambiar a medida que se desarrolla tu propósito, pero tu propósito en sí es permanente. No importa lo que suceda en la vida, nunca vas a poder huir de aquello que Dios puso en tu corazón para realizar. *La visión te posee por completo; tú no posees a la visión.*

Todos los pensamientos, ideas, planes y sueños que se mantienen consistentes dentro de ti fueron puestos ahí por Dios. La visión es la idea que nunca te deja, es el sueño que nunca se desvanece, es la pasión que nunca se rinde, es ese deseo "tan irritante" que está tan dentro de ti y hace que no puedas disfrutar tu trabajo actual debido a que siempre estás pensando en aquello que deseas estar haciendo. La visión es lo que te mantiene viendo, aun cuando tengas tus ojos cerrados.

No recibes tus propósitos después de que has nacido de nuevo; tus propósitos te fueron dados desde el momento en que naciste físicamente. Dios nos ha salvado debido a que Él nos ha dado tareas y responsabilidades que Él no quiere perder. Tú no fuiste salvo por el solo propósito de ir al cielo; fuiste salvo para que termines tus tareas y responsabilidades en la tierra. De hecho, Dios te redimió debido a la visión que llevas dentro de ti. La Biblia dice: *Porque somos hechura suya, creados en Cristo Jesús para hacer buenas obras, las cuales Dios* preparó de antemano *para que anduviéramos en ellas* (Efesios 2:10, énfasis añadido).

Mucha gente me pregunta cómo es que Dios nos habla. Nono se dan cuenta de que Dios ha estado hablándoles desde que nacieron, y que lo sigue haciendo actualmente. Dios les habla a través de los pensamientos, de las ideas y a través de las visiones que ellos tienen en su mente. Si no tienes clara tu visión, puedes pedirle a Dios que te revele los deseos más profundos que Él ha colocado dentro de ti.

Dios dice: *Volveos a mi reprensión: he aquí, derramaré mi espíritu sobre vosotros, os haré conocer mis palabras* (Proverbios 1:23), y también dice: *Pondré mi ley dentro de ellos, y sobre sus corazones la escribiré; y yo seré su Dios y ellos serán mi pueblo* (Jeremías 31:33). Dios pone sus pensamientos dentro de nosotros a través del Espíritu Santo. Lo que tenemos que hacer es escuchar a lo que Dios nos ha dado en nuestro corazón y en nuestra mente.

LA VISIÓN ES MUCHO MÁS QUE "TENER INTERÉS POR ALGO"

Una manera de discernir si algo es una visión que viene de Dios es determinando si tienes un verdadero deseo de hacerlo o si solo se trata de un interés pasajero. Puedes estar interesado en algo, pero sin tener una verdadera pasión para hacerlo. Pero si tú tienes pasión, vas a buscar activamente tu visión y las cosas van a comenzar a suceder y a realizarse. Recuerda que una persona con visión es más grande que la fuerza pasiva de noventa y nueve personas que solo están interesados en hacer algo o en llegar a ser alguien.

LA VISIÓN PERSISTIRÁ AUN TENIENDO TODAS LAS PROBABILIDADES EN SU CONTRA

Otra manera de poder reconocer una verdadera visión es cuando perseveras en tu sueño o visión a pesar de todos los grandes obstáculos que se te presenten. Cuando muchas personas piensan acerca de sus sueños o visiones, dicen: "Oh, no, eso es imposible para mí", así que se conforman con hacer algo mucho menor y terminan completamente vacíos interiormente y sin realización alguna. El problema muy frecuente es que hemos sido entrenados y nos han lavado el cerebro para que pensemos en pequeño, para esperar muy poco, y para no tratar de hacer nada en grande. Cuando comparamos lo que nos han estado diciendo que podemos ver en el "mundo real" con nuestros propios sueños o visiones, nuestras visiones parecen ser poco realistas y comienzan a desvanecerse. Pero si una visión es verdaderamente de Dios, estamos supuestos a continuar, sin importar las dificultades que se presenten. Por lo tanto, si tienes una genuina visión que Dios te haya dado, necesitas desarrollar persistencia, que es algo de lo que hablaremos más en un capítulo posterior.

LA VISIÓN NO ES EGOÍSTA

La verdadera visión no es egoísta. Su propósito es traer el reino de Dios a la tierra y dirigir a la gente hacia Dios. *Una visión, por lo tanto, siempre debería enfocarse en ayudar a la humanidad o en edificar a los demás de alguna manera.*

Esto significa, primero que todo, que Dios nunca te va a obligar a ir en busca de tu visión a expensas de tu familia. Un hombre mayor, quien es un muy estimado amigo mío, fue a una conferencia, y un supuesto profeta le habló acerca de lo que Dios quería para su vida. Después de eso, vino conmigo y me dijo: "¿Pudiste escuchar lo que me dijo el profeta?". Yo le dije: "Sí". Él preguntó: "¿Qué es lo que tú piensas?". Y le contesté: "Bueno, vamos a orar con relación a esa profecía. Vamos a tomar nuestro tiempo, pedir algo de consejo, y vamos a encontrar la voluntad de Dios para ello". La siguiente vez que yo escuché algo acerca de él, ya había puesto todo un plan para poder llegar a cumplir esa profecía. Dejó a su familia y se fue a otro país. ¿Realmente era este el propósito de Dios?

Hay ocasiones cuando los miembros de una familia van a estar de acuerdo en separarse *por un tiempo* para poder servir cierto propósito. Sin embargo, este no era el caso con este hombre. Cuando él buscó cumplir su profecía, su esposa se encontraba muy frustrada y sus hijos estaban muy confundidos y enojados. Él estaba destruyendo a su familia y causando todo tipo de problemas y dificultades para ellos.

Si el hecho de ir en busca de tu visión está causando todo un torbellino en tu familia, debes detenerte, orar en serio y hacer una profunda búsqueda en tu alma acerca de esa situación. Habla con los miembros de tu familia y escucha lo que ellos tienen que decir. Debes esperar encarar algo de oposición en contra de tu visión, y mientras que tu familia al mismo tiempo no siempre va a entender o a apoyar tu sueño o visión, el hecho de ir en busca de tu visión no debería destruir las vidas de tus seres queridos. *La visión siempre tiene que estar acompañada de compasión.* Necesitas ser muy cuidadoso y muy sensitivo para no lastimar a nadie mientras estás tratando de alcanzar tu objetivo.

La segunda cosa de la que debemos ser conscientes de la naturaleza nada egoísta de la visión, es el hecho de que una verdadera visión nunca va a tomar la forma de construir un gran negocio solo para que tú puedas tener millones de dólares, o una casa muy costosa, o un carro super lujoso o una casa de vacaciones en la playa. Estas cosas son objetivos, pero no son la visión; de hecho, probablemente son ambiciones egoístas. ¿Por qué? Porque estos edifican tu reino en lugar de edificar el reino de Dios. Tu visión tal vez llegue a involucrar el hecho de hacer una gran suma de dinero. Sin embargo, la diferencia se encuentra en tu motivación y en tu actitud hacia el dinero. Tu perspectiva en las finanzas debería estar centrada en Dios y no centrada en ti mismo. Necesitas tratar tus finanzas como un recurso que Dios ha provisto para que puedas realizar tu visión, y no como una herramienta para llenar tu vida de lujos.

LA VISIÓN ES LO ÚNICO QUE TE VA A DAR COMPLETA REALIZACIÓN

Otra forma en que puedes saber si una visión es real, es cuando esta es la única cosa que te da una verdadera satisfacción. Eclesiastés 3:13 dice lo siguiente: *Además, que todo hombre que coma y beba y vea lo bueno en todo su trabajo, eso es don de Dios.* Es el deseo de Dios que disfrutemos de nuestro trabajo, pero solo puede suceder cuando estamos haciendo el trabajo correcto.

Por lo tanto, solo hasta que llegas a seguir el sueño o visión de Dios, vas a estar insatisfecho. En Proverbios 19:21 dice: *Muchos son los planes en el corazón del hombre, mas el consejo del Señor permanecerá.* No importa en qué cosas estás ocupado, no importa lo que estés logrando, si no es lo que Dios quiere que hagas, no vas a poder tener total éxito en ello. ¿Por qué? Porque el verdadero éxito no consiste en lo que llegas a lograr; consiste en hacer aquello que Dios te dijo que hicieras. Esta es la razón por la que las personas que hacen grandes proyectos o que obtienen mucha fama pueden tener éxito y estar deprimidos al mismo tiempo.

El hecho de ir en contra de tu propósito puede ser un asunto personal, pero nunca se puede considerar un asunto privado. Puedes echar a perder la vida de otros si no estás en el lugar donde debes estar, o si debes ir a otro lugar y estás rehusando hacerlo.

LA VISIÓN REQUIERE UNA CONEXIÓN VITAL CON DIOS

Mucha gente no reconoce la visión que Dios ha puesto dentro de ellos debido a que no tienen una conexión vital o de vida con Dios. Esta conexión necesita ser restaurada antes de que ellos puedan ver su verdadero propósito. Dios está dedicado a tu propósito, y Él proveyó la salvación a través de Cristo Jesús para rescatar su voluntad y su propósito en tu vida. De hecho, Él dijo: "Yo no voy a perder aquello para lo cual te hice nacer. Te voy a salvar por tu propio bien y para que yo pueda redimir aquello que quiero cumplir a través de ti". Él nos restaura para sí mismo para que podamos hacer las obras que tenía en mente para nosotros desde antes de la creación del mundo. Otra vez: *Porque somos hechura suya, creados en Cristo Jesús para hacer buenas obras, las cuales Dios preparó de antemano para que anduviéramos en ellas* (Efesios 2:10). *Somos salvos no por medio de hacer buenas obras, sino para el propósito de hacer buenas obras.*

En otras palabras, fuimos salvos para cumplir nuestras visiones terrenales. Una vez que hemos sido restaurados por Dios, recibimos su Espíritu Santo y podemos ver y entender la visión que ha colocado en nuestro corazón. Aprendemos a discernir la verdadera visión a través de nuestra relación con Él y por medio de leer su Palabra, porque la visión genuina siempre va a estar de acuerdo con su naturaleza y con su carácter. La Biblia dice lo siguiente: *Destruyendo especulaciones y todo razonamiento altivo que se levanta contra el conocimiento de Dios* (2 Corintios 10:5). Este versículo está hablando acerca de ideas. Continúa diciendo: *Poniendo todo pensamiento en cautiverio a la obediencia de Cristo.* Cualquier idea que no está en contra de la Palabra de Dios, o en contra de obedecer los deseos que Cristo Jesús tiene para tu vida, es una idea de Dios. Las ideas de Dios siempre van a estar de acuerdo con la voluntad de Dios. Dios nunca te va a dar una idea que sea contraria a la Biblia. Esto es imposible. Por lo tanto, tienes que echar fuera y desechar cualquier idea que esté en contra de la Palabra de Dios. Debes ignorarlas. Si una idea no está de acuerdo con la voluntad de Dios, hazla a un lado.

LA VISIÓN CORPORATIVA Y LA VISIÓN PERSONAL

La quinta clave para poder entender la visión es poder darse cuenta que es tanto personal como corporativa; la visión personal siempre se va a encontrar dentro de una visión corporativa más grande. No es el método de Dios darle visión a todo un grupo. Él da la visión a un individuo, el cual comparte su visión con el grupo, y transfiere la visión hacia ellos. Los miembros del grupo van a correr con esta misma visión debido a que ellos se dan cuenta que tiene un lugar en su vida y que permite que sus visiones personales también se realicen.

Moisés fue forzado por medio de una visión para liberar al pueblo de Israel y para guiarlos hacia la tierra prometida. Josué fue motivado por medio de una visión para poseer esa tierra.

David fue dirigido por una visión para establecer al pueblo de Dios. Nehemías fue poseído por una visión para reconstruir los muros de Jerusalén. En cada caso, la visión le fue dada a un individuo quien era el responsable de que se cumpliera, y el individuo la transfirió a un grupo de personas.

TRABAJANDO JUNTOS PARA REALIZAR LA VISIÓN

Cuando una persona comienza a sentir su propósito y su don, con frecuencia lo interpreta como un llamamiento hacia la independencia, la autonomía y la separación. Sin embargo, nada puede estar más lejos de la verdad. El sentido de la visión personal es edificado dentro de una visión más grande, y de la misma manera, va a llegar a cumplirse en el contexto de un propósito más grande. Esta es la manera como Dios maneja la visión personal y la visión corporativa para que vayan juntas. Para poder cumplir un propósito corporativo o hacer que se realice una visión más grande, Dios junta los dones y las visiones únicas de mucha gente. Dios quiere que traigas tu tiempo, tu energía, tus recursos y el poder de tu creatividad para que vengan a ser parte de una visión mucho más grande a la cual tu visión va a estar conectada.

Ninguna gran obra jamás ha sido hecha por una sola persona. Se necesitan muchas personas para realizar una visión. Debes leer la historia. Debes leer la Biblia.

Dios va a reunir propósitos y visiones privadas a fin de poder llegar al éxito corporativo.

Cuando la gente no entiende o no acepta la relación que existe entre la visión y la visión corporativa, puede haber problemas. Si los miembros del grupo piensan que son inferiores a la persona que tiene la visión original, o si el líder comienza a pensar que es más importante que los otros miembros, o si uno o más de los miembros quieren suplantar a la persona que tiene la visión más grande, aquí es cuando comienzan todos los problemas. Sin embargo, si estamos alineados con la naturaleza y el carácter de Dios, vamos a desear solo lo que Él desea y a realizarnos en una manera como jamás lo hubiéramos hecho si solamente buscamos nuestras propias ambiciones.

Debemos tener una actitud de cooperación para con aquellos con quienes debemos compartir la visión corporativa. La realización de tu visión requiere que tú seas capaz de someterte a otros dentro de un propósito mucho más grande. Esto significa poder trabajar con tu jefe y con tus otros compañeros en una manera productiva. Significa que no vas a tratar de menospreciar a los líderes de tu grupo, y tampoco vas a permitir que los celos se interpongan en el camino de esta visión. Significa que no te vas a desviar tratando de realizar una visión corporativa solo por ti mismo. Si vamos a hacer algo en representación de Dios, para que el mundo sea mejor por el hecho de que estamos aquí, no podremos hacerlo con una actitud privada e individualista. Es muy importante que tengamos mucho cuidado cuando estemos tratando con la visión. Debemos ser conscientes de la obra y de los caminos de Dios para estar de acuerdo con ellos en lugar de estar en contra de ellos.

DIBUJAR LA VISIÓN

Cuando llegamos a entender la relación que existe entre la visión personal y la visión corporativa, vamos a conocer en gran manera la forma como Dios realiza los sueños de la gente. En Proverbios 20:5 dice: *Como aguas profundas es el consejo en el corazón del hombre, y el hombre de entendimiento lo sacará*. En otras palabras, todos tienen una visión en su corazón, pero la persona que tiene entendimiento va a hacer que ese propósito, ese sueño, esa visión, pueda salir para convertirse en una realidad. Una persona de entendimiento en forma figurada va a sumergir la cubeta hacia las aguas profundas del pozo de tu alma y va a comenzar a sacar lo que tú estás soñando y lo que estás pensando. Él va a dar vida a tus deseos y a tus pensamientos, y por lo tanto, va a ayudar a que se conviertan en una realidad.

¿Cuál es el proceso mediante el cual esto ocurre? Después de que Dios le da la visión a un líder, entonces tú, de una manera o de otra, vas a entrar en contacto con esta persona, que va a presentar la visión corporativa, y tú te vas a entusiasmar acerca de participar en ella debido a que puedes ver que tu visión privada tiene su realización dentro de ella. Es esencial para ti el hecho de que llegues a entender que Dios trae a tu vida la visión corporativa, no con el fin de darte una visión, lo cual Él ya te ha dado, sino para *avivar* o *desarrollar* tu visión personal. En otras palabras, no recibes tu visión de otras personas, pero eres capacitado para realizarla a través de otras personas. El líder de la visión corporativa ayuda a activar tus pasiones, tus sueños, tus dones y tus talentos.

En un sentido, eso es lo que yo espero hacer a través de este libro. Es mi deseo avivar tu visión. Tal y como escribí anteriormente, mi propia visión es inspirar y sacar a la luz el líder escondido en cada persona que yo llego a conocer. Tú eres un líder en el propósito específico que Dios te ha dado para que lo cumplas a través de tu don, porque nadie más excepto tú puede llegar a cumplirlo. Yo espero que mi visión de tu potencial para el liderazgo te motive y te anime para que llegues a cumplir la visión que está en tu corazón. Tal vez algo ya ha comenzado a suceder dentro de ti.

¿Ya estás comenzando a pensar diferente? ¿Estás comenzando a soñar? ¿Eres capaz de creer que es posible que se cumplan las cosas que nunca creíste antes de que fueran posibles? Si es así, has comenzado a obtener la visión para tu vida.

La visión corporativa dentro de la cual, a final de cuentas, tu visión personal va a ser realizada, puede tratarse de una compañía, de una iglesia, de una organización de beneficencia, o aun de tu propia familia. Cuando escuchas algo que se relaciona con tu visión, debes poner mucha atención, porque tal vez pueda ser que debas adherirte a ello. Tal vez a ti te va a ser dada la visión corporativa, tal como el hecho de comenzar un negocio o el hecho de organizar un proyecto para la comunidad. Pero ninguno de nosotros fuimos hechos para realizar nuestras visiones con nuestras propias fuerzas o a solas. *El gozo del plan de Dios para la visión personal y para la visión corporativa es que nada para lo cual nacimos va a ser hecho por nosotros solos o solo para nosotros.* Si tú y yo somos parte de la misma visión corporativa, yo necesito tu visión y tú necesitas la mía. Por lo tanto, debemos permanecer juntos y trabajar juntos. No debemos aislarnos dentro de nuestros éxitos personales.

Yo no me involucré en el trabajo que estoy haciendo para hacer un gran nombre para mí mismo. El trabajo de mi vida consiste en cumplir la tarea que Dios me ha dado. Cada miembro de mi equipo o de mi organización tiene una parte que realizar en nuestra visión. Mi parte consiste en avivar sus sueños personales y su parte consiste en avivar los míos. Cuando nos avivamos las visiones los unos a los otros, el depósito divino del destino comienza a fluir. La visión genera visión. Los sueños siempre avivan los sueños de los demás.

Necesitas gente alrededor de ti que puedan creer en sueños mucho más grandes que el tuyo propio para que puedan estar avivando tu visión. Una persona con entendimiento va a hacer que tu sueño se levante desde ese pozo profundo dentro de ti y te va a ayudar a avanzar verdaderamente hacia tu visión. Vas a creer sin importar de dónde vengas, porque adonde vas, siempre es mejor.

PASOS PARA REALIZAR LA VISIÓN

Tómate media hora y ponte a soñar acerca de lo que te gustaría hacer en la vida. ¿Cuáles son las ideas y los deseos que tienes?

¿Qué es lo que siempre has querido hacer?

Piensa acerca de tus dones o talentos principales. ¿Cómo es que tus sueños y tus dones se relacionan?

Escribe en una hoja de papel tus ideas, deseos y tus dones. Luego, pregúntate a ti mismo: "¿Acaso estas ideas son verdaderas? ¿Acaso son lo que yo quiero hacer?". Si tu respuesta es sí, mantenlas a la mano donde puedes referirte a ellas a medida que lees este libro, y observa cómo van a tomar la forma de una visión específica y de objetivos concretos que te van a mover hacia el cumplimiento de tu propósito.

3

VENCIENDO LOS OBSTÁCULOS PARA LA VISIÓN

La mediocridad es una región apartada y limitada en
el norte por el compromiso, limitada en el sur por la
indecisión, limitada en el este por estar pensando en el
pasado y limitada en el oeste por la falta de visión.

El hecho de poder entender la fuente de la visión es el primer paso
en el proceso para llegar a realizarla. El siguiente paso es ser consciente de los obstáculos potenciales en tu vida que pueden llegar a
desviar tu visión. Si eres consciente de estos obstáculos con suficiente anticipación, podrás estar preparado para reconocerlos y
vencerlos. Tres obstáculos principales en contra de poder realizar
la visión son, entre otros, no entender la naturaleza de la visión; no
reconocer el precio de la visión; y no saber los principios de la visión.

La mayoría de la gente vive en la mediocridad, que es una
región apartada y limitada en el norte por el compromiso, limitada en el sur por la indecisión, limitada en el este por estar pensando en el pasado y limitada en el oeste por la falta de visión. Este
capítulo te va a enseñar cómo dejar atrás la región de la mediocridad y moverte hacia el ámbito o la esfera de lo excepcional.

CUANDO NO ENTENDEMOS LA NATURALEZA DE LA VISIÓN

El punto principal acerca de la visión es que es específica. Una de las causas más grandes que hace que la personas fallen cuando están en busca de su visión es el hecho de que no identifican el objetivo de su éxito. Esto tal vez puede sonar muy simple, pero es muy cierto: las personas fallan debido a que no saben ni siquiera en qué quieren tener éxito. Mucha de nuestra frustración y de nuestra depresión viene de no lograr ningún avance hacia el cumplimiento de nuestra visión, a pesar de que sabemos que hemos estado trabajando muy duro. Esta incapacidad para llegar a realizar nuestra visión ocurre cuando no apuntamos a un objetivo específico.

Supongamos que yo me acerco a ti para decirte: "Vamos a reunirnos". Tú vas a decir: "Bien; ¿y en dónde?". Yo contesto: "Oh, en cualquier parte". Tú me preguntas: "Bueno, ¿y *cuándo* es que quieres que nos reunamos?". Y yo respondo: "A cualquier hora". ¿Cuáles crees tú que son las posibilidades de que nos reunamos realmente? Prácticamente cero. La visión debe ser específica en lugar de ser general o muy vaga.

LA DIFERENCIA ENTRE VISIÓN, OBJETIVOS Y MISIÓN

Le he preguntado a mucha gente: "¿Qué es lo que vas a hacer con tu vida? ¿Cuál es tu visión?", y por lo general recibo respuestas como esta: "Yo voy a construir una casa muy grande, voy a tener varios automóviles y una buena familia". "Quiero llegar a casarme". "Quiero llegar a abrir un restaurante algún día". Estas no son visiones, solo son meros objetivos.

Cuando les hago a los pastores la misma pregunta, ellos generalmente me dan una de las siguientes respuestas: "Mi visión es ganar mi ciudad para Cristo". "Mi visión es 'predicar el Evangelio a toda creatura' (Marcos 16:15)". "Nuestra visión como iglesia es conocerlo a Él y darlo a conocer". "Nuestra visión es preparar a la gente para la obra del ministerio".

Ninguna de las respuestas anteriores son visiones. Todas ellas son *misiones*. ¿Por qué? Son muy generales para poder ser una visión. La visión y la misión están relacionadas, pero no son la misma cosa; son completamente diferentes. *Una misión es lo que sostiene el corazón de una visión. Es una declaración general de propósito que muestra la idea general de lo que tú quieres realizar.* Es filosófica y abstracta, pero no es práctica ni concreta. Más aun, tiene un final abierto y sin terminar, de tal manera que podrías pasar horas, incluso días, hablando de sus muchos aspectos y aplicaciones. En contraste, la visión es muy precisa; es detallada, específica y hecha a la medida especialmente para ti.

Algunas veces, me pregunto cómo es que algunas personas han llegado hasta donde se encuentran sin haber entendido lo que es la visión. Es esencial que aprendas la diferencia entre lo que es la visión y lo que es la misión, porque Dios no tiene vagas ideas acerca de tu vida. Fuiste diseñado para ser único y para llevar a cabo un propósito muy particular. Si vas a realizar este propósito tan específico, tu visión tiene que ser específica. De otra manera, vas a ser como cualquier otra persona que puedas ver alrededor de ti. Recuerda, tu visión (como tus huellas digitales) ha sido hecha para distinguirte de cualquier otra persona en el mundo.

Déjame usar a la Iglesia cristiana como un ejemplo. La tarea que el joven rabino judío, llamado Jesús, dio a sus seguidores hace más de dos mil años, *Ir por todo el mundo y predicad el evangelio a toda criatura* (Marcos 16:15), es llamada la Gran Comisión. Es la "co-misión", que es la misión corporativa o misión conjunta de la Iglesia. Es la misión de todo cristiano. ¿Qué iglesia sincera no quiere predicar el evangelio a cada persona, traer gente a Dios y preparar gentes para predicar a otros? Por lo tanto, si una iglesia piensa que su visión particular es la de ganar a los perdidos a cualquier precio, entonces, ha equivocado la idea de la visión. Conoce su *misión*, pero todavía no ha encontrado su verdadera *visión*, que es lo que la va a distinguir de todas las otras iglesias.

Una iglesia no es asignada donde otra iglesia ya ha sido asignada. La visión es una dirección distinta o un enfoque diferente para poder cumplir una misión. Existe una forma única como Dios quiere que cada iglesia lleve a cabo la Gran Comisión. Cada iglesia debe cumplir con su parte de la misión a través del énfasis o enfoque específico que Dios le ha dado. El mismo principio en general se aplica verdaderamente a los individuos, a las compañías y a otras organizaciones.

Una ocasión se me acercó una mujer y me dijo: "Dr. Munroe, yo tengo una visión. Voy a abrir una tienda de zapatos". Yo le dije: "Bien". Entonces, ella dijo: "Ya existen tantas tiendas de zapatos en esta área, pero yo sé que el Señor me ha dicho que me meta en este negocio". Yo le pregunté: "¿Qué clase de zapatos son los que quieres vender?". Ella me dijo: "Quiero vender solo zapatos para niños y para bebés". Cuando yo escuché esto, le dije: "Entonces, tú sí entiendes lo que es la visión. Todas las otras tiendas venden todo tipo de zapatos para adultos, pero tu tienda va a ser única. Cuando alguien quiera zapatos para niño o zapatos para bebé, ellos van a pasar por las otras tiendas sin entrar. Ellos van a estar buscando tu negocio".

Cuando verdaderamente llegas a entender la diferencia entre misión y visión, vas a estar protegido en contra de todo tipo de celos. No te vas a desviar de tu propósito viendo constantemente por encima de tu hombro para saber lo que está sucediendo con otros que comparten tu misión. Si has descubierto tu propia visión, no vas a sentirte celoso de nadie porque no hay necesidad alguna de entrar en competencia.

Yo viajo alrededor de todo el mundo y doy conferencias en iglesias muy grandes al lado de pastores muy renombrados. Algunas veces noto ciertos métodos o ciertos enfoques que sus iglesias están usando. Veo que la gente acostumbra gravitar alrededor de ciertos ministerios y me siento tentado a imitarlos, pensando: *Yo debería tratar eso. Tal vez yo podría hacer que más gente viniera a mi iglesia si hago lo que ellos están haciendo.* Pero el Señor me dice: "No te atrevas a hacerlo". Si yo trato de imitar a otros, yo no voy a cumplir el propósito específico ni la visión que Dios me ha dado y no voy a contar con toda la bendición de Dios. De hecho, Dios dice: "Yo no voy a bendecir aquello que sea creación tuya. Voy a bendecir todo aquello que es creado por mí".

Debemos ser verdaderos hacia nuestras propias visiones. Cada uno de nosotros debemos medir el éxito de nuestras visiones a través de la tarea que Dios nos ha asignado. Debemos hacernos esta pregunta a nosotros mismos: ¿Acaso estoy haciendo lo que Dios me dijo que hiciera?

ENTROMETERSE EN LOS PENSAMIENTOS DE NUESTROS DESEOS PERSONALES

Otra razón por la cual las personas no son específicas acerca de sus visiones, es que se encuentran atrapadas en la trampa de estar pensando solo en sus deseos personales. Sus sueños no van más allá de ideas vagas acerca de lo que a ellos les gustaría hacer "algún día". Pero el hecho de soñar es solo el comienzo de la visión. Deberíamos tener voluntad en lugar de tener solo deseos. En lugar de solo desear que las cosas se pongan mejor, debemos hacer resoluciones concretas. Tenemos que decir: "Las cosas deben ponerse mejor, y aquí, específicamente, esto es lo que voy a hacer para que suceda". Por ejemplo, en lugar de decir: "Yo deseo poder ir a la universidad algún día", siéntate hoy mismo, haz cartas a varias universidades específicas pidiendo solicitudes de entrada, y cuando lleguen, comienza a llenar esas solicitudes. En lugar de decir: "Yo deseo bajar de peso", vé a ver a tu doctor y métete en un plan específico de pérdida de peso. Toma una decisión, y entonces, toma el primer paso.

El éxito de la gente o el fracaso de la gente no depende del color de su piel. Tú puedes ser blanco, negro, moreno, amarillo o rojo, y eso no va a afectar el cumplimiento de tu visión. El problema real es el color de la vida de algunas personas; sus vidas son completamente color "gris". Tales personas no tienen un estilo de vida preciso. Dios no quiere que nadie viva en una zona gris. Cuando alguien está viviendo en la zona gris, significa que esa persona no está diciendo ni sí ni no, sino tal vez. Nunca establece nada en su corazón. Hay millones de personas que nunca están seguros de quiénes son o qué es lo que tienen que hacer y tampoco adónde se dirigen. Estas gentes están viviendo en lo gris. No tienen intención alguna de hacer algo con su vida. Qué realidad tan deprimente. Dios ha invertido tanto en nosotros que Él aborrece vernos malgastando nuestra vida en pensamientos ociosos que nunca pasan de ser deseos. Dios quiere que coloquemos nuestros pies en la tierra firme de la visión.

VIVIR CON INDECISIÓN

Las visiones de muchas personas nunca toman una forma concreta porque ellos no pueden acabar de decidirse acerca de lo que quieren hacer en la vida. La única decisión que hacen es la decisión de no decidir nada. La indecisión prolongada es un asesino de la visión y también extrae todo el gozo de la vida. He notado que las personas más miserables sobre la tierra son aquellos que nunca pueden llegar a tomar una decisión. La Biblia expresa su situación muy bien al decir de esta manera: *Siendo [el] hombre de doble ánimo, inestable en todos sus caminos* (Santiago 1:8, énfasis añadido). La indecisión afecta todas las áreas de nuestra vida. Una persona que es indecisa es inestable; esta persona siempre está en tierra arenosa.

Muchos de nosotros hacemos listas antes de ir de compras, pero muy pocos de nosotros hacemos listas acerca de lo que realmente queremos hacer para nuestra vida. Algunas veces, ellos imponen este retraso en ellos mismos debido a la incertidumbre o al temor de fracasar; otras veces, se preocupan acerca de lo que otras personas pueden estar diciendo o pensando con relación a sus ideas. Pero estas personas se están poniendo en una posición muy peligrosa: están en medio de la carretera. Cuando tú eres indeciso, la vida te está atropellando todo el tiempo.

Yo estoy dedicado a llegar a cumplir y realizar todo aquello para lo cual Dios me permitió nacer. Decidí desde hace muchos años que yo solo iba a ver la Palabra de Dios y la visión que Él me dio en mi corazón para poder saber lo que yo podía realizar. De esta manera, los propósitos y los principios de Dios han determinado lo que voy a ser y lo que voy a hacer, en lugar de que lo determinen mis propios temores de lo que otras personas puedan pensar. Estoy bien establecido en mi visión, de la misma manera como Jesús estaba en la suya. La Biblia dice: *Y sucedió que cuando se cumplían los días de su ascensión* [de Jesús], *Él, con determinación, afirmó su rostro para ir a Jerusalén* (Lucas 9:51). Jesús afirmó su rostro "resueltamente" o "como un pedernal" (Isaías 50:7) en su determinación para llegar a cumplir su propósito. El pedernal es una de las piedras más duras que puedes encontrar. Esta analogía significa que una vez que Jesús había establecido su objetivo de ir a la cruz, ya era muy tarde para tratar de convencerlo de que no lo hiciera. Él estaba establecido y determinado a realizar su visión.

¿Acaso estás viviendo de la misma manera? ¿Existe algo que has decidido seguir haciendo sin importar lo que sea? ¿Estás dedicado a una visión que es mucho más grande que tu vida?

EXCUSAS Y PRETEXTOS

Algunas veces, sabemos lo que deberíamos estar haciendo, pero titubeamos para tomar el primer paso. Siempre tenemos la intención de hacerlo, pero nunca llegamos a hacerlo. Al contrario, lo que hacemos son excusas y pretextos, tales como: "Cuando mi vida no esté tan complicada como ahorita", "Cuando sienta que tengo más confianza" o "Después de que yo me ponga a orar un tiempo por eso".

Hay una historia de dos pescadores que se perdieron en medio de una tormenta en un lago. La tormenta estaba soplando tan furiosamente que ellos no podían ver ninguna cosa. Uno de los pescadores dijo a su compañero: "Tenemos dos opciones. Podemos orar o podemos remar. ¿Cuál crees que debemos tomar?". El otro pescador contestó: "¡Vamos a hacer ambas!". Esta es la manera en como debes vivir. En lugar de pasarte todo el tiempo deliberando acerca de lo que necesitas hacer, solo tienes que decir: "Vamos a remar". Aun cuando te encuentres asustado, debes seguir remando. Debes fijar un lugar de destino aun mientras estés orando, y Dios te va a guiar hacia dónde necesitas llegar.

Otro grupo de personas que tienen problemas con llevar sus visiones hasta el cumplimiento final son lo que yo llamo "los iniciadores o comenzadores profesionales". Ellos siempre comienzan algo, pero nunca terminan nada. Todo lo que tú dejas a medias y sin terminar te va a desalentar para que no termines otros proyectos. Todo aquello que está pendiente de terminar tiene una forma y una oportunidad para poder perseguir tu vida.

BUSCA EL "EQUILIBRIO"

Algunas personas no quieren enfocarse en un objetivo específico porque temen que su vida no esté bien balanceada. Dicen cosas como estas: "No quiero hacer nada en particular, porque si lo hago, voy a estar cerrando otras opciones que tengo. No quiero cerrar mi perspectiva" o "Si me dedico muy en serio a hacer algo, tal vez me voy a perder de lo que realmente quiero hacer en la vida". El problema está en que la gente va a decir cosas como estas durante cuarenta y cinco años, ¡y van a terminar por no hacer nada! Lo que ellos llaman una búsqueda de equilibrio es realmente una excusa para no tener que tomar una decisión. Terminan siendo personas mediocres, las cuales son muy comunes y corrientes.

El verdadero equilibrio consiste en mantener el equilibrio mientras que uno se mueve hacia el destino final u objetivo. Algunas personas viven sesenta y cinco años, setenta y cinco años, noventa años, solo tratando de mantener el equilibrio. Pero el equilibrio no es el objetivo en sí mismo. Un barco mantiene el equilibrio a medida que se dirige a cierto destino específico. De la misma manera, nosotros necesitamos tener un destino mientras que mantenemos el equilibrio en nuestra vida.

INTENTA HACERLO TODO

Una razón muy común por la cual las personas no son específicas con relación a sus visiones, es porque ellos están tratando de hacer muchas cosas. Su problema no es el hecho de que estén indecisos para empezar algo, sino que andan por todos lados haciendo muchas cosas. Y aunque siempre están construyendo algo, de hecho, no están acabando nada, porque nunca acaban de hacer nada de lo que comenzaron.

¿Por qué sucede esto? Porque la mayoría de las personas comete el error de creer que la meta principal en la vida es mantenerse ocupados. Pero esta forma de pensar es una trampa. Las muchas ocupaciones no equivalen al progreso; el hecho de mantenerse muy ocupado no quiere decir necesariamente que te estás dirigiendo hacia un destino específico.

He aprendido esta verdad tan importante que me ha liberado por completo tanto de la indecisión, como de la mucha ocupación ineficiente e inútil: no fui creado para hacer todas las cosas. Cuando tratamos de apuntar la mira a todas las cosas, por lo general acabamos por no darle a nada. Pero la mayoría de nosotros nos estamos rompiendo el cuello, tratando de darle a todo lo que se atraviesa por nuestra vista. Déjame asegurarte algo: no naciste para suplir todas las necesidades que hay sobre la tierra.

Fuiste hecho para suplir ciertas necesidades, pero no todas las necesidades. Dios te creó para un propósito, y ese propósito está puesto para ser tu objetivo. Eso es lo que te debe motivar y mantenerte centrado en lo que es más importante para ti y en lo que te debes involucrar. Mientras que debes estar abierto para las diferentes maneras como Dios te puede llegar a guiar para ayudar a otros, al mismo tiempo, no debes desviarte atendiendo un millón de necesidades, porque siempre va a haber muchas más de las que puedes atender personalmente.

SENTIRSE PERPLEJO ACERCA DE MÚLTIPLES TALENTOS

Algunas personas nunca llegan a ir en busca de sus verdaderas visiones porque tienen "el problema" de tener múltiples talentos o de ser capaces de hacer muchas cosas. El mal entendimiento de sus dones ha causado que mucha gente muy talentosa y muy inteligente sea ineficaz y fracasen en la vida. Estas personas dicen: "Tengo tantos dones que yo no sé cuáles son los que debo usar. Quiero usarlos y desarrollarlos todos". Como resultado de esto, nunca llegan a desarrollar ninguno de sus dones eficientemente. Yo tengo muchos intereses en mí mismo. Soy un maestro, un predicador, un orador y un escritor. También puedo pintar, esculpir, escribir y tocar música. Sin embargo, me tengo que enfocar en ciertos dones específicos para poder ser efectivo en esta vida.

Déjame hacerte esta pregunta: ¿alguna vez has visto a alguien que ha logrado el éxito en la vida por medio de hacer todas las cosas? Piensa acerca de personajes como Helen Keller, Picasso,

María Curie, Tiger Woods, las campeonas de tenis Serena y Venus Williams, Bill Gates y la Madre Teresa. Cada una de estas personas hicieron una o dos cosas muy bien, y esto se convirtió en la fuente de su vida y de su prosperidad. Les abrió camino a cada uno de ellos en este mundo.

Cuando una persona trata de hacer todas las cosas, acaba por convertirse en un "aprendiz de todo y maestro de nada". Tienes que protegerte en contra de la tentación de tratar de hacer todas las cosas. No importa qué tantos dones tengas, no dejes que ellos te distraigan. Debes tomar la decisión de concentrarte en uno o en dos de tus dones, y entonces desarrollarlos. Decide qué don vas a desarrollar; a medida que lo desarrollas, los otros dones lo van a seguir. Dios no va a desperdiciar lo que Él te ha dado.

EL NO RECONOCER EL PRECIO DE LA VISIÓN

El segundo obstáculo para poder cumplir la visión es el hecho de no reconocer el precio que acompaña a la visión. Creo que mucha gente cree que las personas exitosas nacieron siendo exitosas. En realidad, el éxito llega en etapas. Es un proceso, y voy a hablar más acerca de este proceso posteriormente en este libro. Tú recibes un poco de éxito el día de hoy, otro poco el día de mañana, y otro poco la siguiente semana.

Uno de los precios de la visión es la diligencia. Todos los seres humanos sueñan, pero son muy pocos los que se despiertan, saltan de sus camas de comodidad y trabajan duro para poder experimentar el cumplimiento y la realización de sus sueños. Con frecuencia, lo que nos hace no reconocer y no pagar el precio de la visión es el sentimiento de que nuestra vida se halla fuera de nuestro control y que no hay nada que podamos hacer para cambiar esto.

ECHARLE LA CULPA A LA "MALA SUERTE"

Por ejemplo, si piensas que tienes una temporada de mala suerte en la vida o que eres una persona sin suerte, lo más probable es que no vas a hacer el esfuerzo que se necesita para hacer que tu visión llegue a tener éxito. Tal vez pienses: *¿Para qué molestarse?* Este tipo de razonamiento puede hacer que menosprecies toda tu vida y destruyas tu deseo de llegar a realizar tus objetivos. Debes darte cuenta de que *no recibes tu definición por tu pasado, ni por tus limitaciones, ni por factores externos.*

ECHARLES LA CULPA A COSAS EXTERNAS

Algunas personas creen que los demás son responsables de hacer que sus visiones fracasen. Tal vez tus padres no tuvieron el dinero suficiente para mandarlos a la universidad y ahora, ellos se sienten amargados y resentidos porque no pudieron lograr las profesiones que querían tener. Tal vez tuvieron hijos mucho más pronto de lo que ellos esperaron, y esto les hizo sentir que tenían que abandonar sus sueños. *La vida nos presenta retos, pero este hecho no tiene que desviar nuestras visiones.* Si tú quieres algo con muchas ganas, vas a tener la paciencia para adquirirlo, aun si el tiempo que tienes que esperar no es como tú quisieras. No debes permitirte a ti mismo el sentirte que eres una víctima de las acciones o de las necesidades de otros.

Hay gente que piensa que sus experiencias pasadas (educacionales, sociales, espirituales) o que sus fallas pasadas les impiden tener una visión para su vida. Por favor, debes darte cuenta de esto: Dios no está en contra de ti; Él está a tu favor. ¿Puedes creer esto en tu corazón? Él todavía tiene un plan bien definido y un propósito para tu vida a pesar de tu pasado y a pesar de tus errores. No importa lo que tú hayas hecho, Dios no ha terminado hasta en tanto Él haya completado aquello para lo cual te creó y que debes de hacer y llegar a ser.

Por lo regular, nos imaginamos que nuestro pasado es mucho más grande que nuestro futuro. Algunas veces, pensamos que lo que hemos hecho es tan malo que incluso es más grande que el sacrificio que Jesús hizo por nosotros en la cruz. Pero nada es tan malo como para competir con el perdón de Jesucristo. Si tú tuviste un bebé fuera del matrimonio, si has estado en drogas, si has estado en la prisión, si has sido traicionado de alguna manera, Dios todavía te ama y quiere redimirte. Él quiere restaurarte a tu propósito.

La Biblia dice: *Toda buena dádiva y todo don perfecto viene de lo alto, desciende del Padre de las luces, con el cual no hay cambio ni sombra de variación* (Santiago 1:17). Esta es una declaración muy importante acerca de Dios. Dice que Dios da dones, y que cuando Él da un don, no cambia de parecer acerca de esto. Todo lo que Dios ha invertido en ti, Él quiere verlo en uso. Él es un buen Dios que da buenos dones a toda la gente y no varía ni cambia en esta expectativa.

Nunca debes creer que tus errores son más grandes que aquello que Dios te dio como motivo para nacer. Dios es un Restaurador, es un Sanador. Esto significa que Él va a volver a poner en ti aquello que el mundo y la vida te quitaron. Debes pedirle que restaure su propósito y su visión dentro de ti.

Permíteme exhortarte para que no le permitas a las circunstancias que destruyan tu pasión de vivir. No le permitas a la vida que te arrastre de un lado del río hacia el otro lado. Los vientos de la adversidad pueden ser muy fuertes, pero la visión que Dios te ha dado va a ser el ancla de tu vida.

CUANDO DESCONOCEMOS LOS PRINCIPIOS PARA LA REALIZACIÓN DE LA VISIÓN

El tercer obstáculo que no nos permite realizar la visión es el hecho de desconocer los principios para realizarla. Los visionarios exitosos no van en busca de sus visiones al azar o por accidente. Ellos operan de acuerdo con principios establecidos y probados con el tiempo, los cuales permiten que sus visiones se conviertan en una realidad.

PERMITE QUE TU VIDA SEA ALIMENTADA POR LA VISIÓN

La vida fue diseñada para que fuera inspirada por el propósito y para que fuera alimentada por la visión. Esto significa que no tienes que vivir una vida defensiva administrando la crisis; al contrario, puedes ir en busca de una vida ofensiva que sigue constantemente su visión y que inició sus propios objetivos y acciones. Las páginas siguientes te van a ayudar a clarificar tu visión, para formular un plan y poder realizarla, así como llevarla a su cumplimiento completo y exitoso.

PASOS PARA REALIZAR LA VISIÓN

¿Cuál piensas que es tu más grande obstáculo para ir en busca de tu visión y poder realizarla?

¿Qué pasos puedes tomar para comenzar a vencer este obstáculo? (Por ejemplo, ¿acaso puedes distinguir la diferencia entre la misión de tu vida y tu visión? ¿Estás confiando en que tu vida se encuentra bajo los propósitos de Dios y que tú no eres víctima de la "mala suerte"? ¿Vas a dejar de echarle la culpa a otros por la manera en que tu vida ha resultado, y vas a comenzar a darle gracias a Dios porque Él te ha capacitado para realizar su visión para tu vida?)

SEGUNDA PARTE

DOCE PRINCIPIOS PARA LA REALIZACIÓN DE LA VISIÓN PERSONAL

"**P**orque yo sé los planes que tengo para vosotros" —declara el Señor— "planes de bienestar y no de calamidad, para daros un futuro y una esperanza". Dios tiene planes para nosotros, y Él quiere que estos planes se lleguen a realizar. Pero para que esto suceda, debemos seguir la dirección de Dios. En el primer capítulo del libro de Josué, Dios estableció la clave para cumplir o para realizar sus planes. Estos son los antecedentes del pasaje. Moisés había muerto, y Josué estaba a punto de tomar el liderazgo sobre los israelitas a fin de meterlos en la tierra prometida. Dios, de hecho, le dijo a Josué, "Moisés está muerto; pero tú tienes una gran visión, ahora es el tiempo de realizar tu propósito. Vamos a ver qué es lo que vas a hacer". El primer consejo que el Señor le dio a Josué fue que se asegurara de obedecer su Palabra: *Solamente sé fuerte y muy valiente; cuídate de cumplir toda la ley que Moisés mi siervo te mandó; no te desvíes de ella ni a la derecha ni a la izquierda, para que tengas éxito dondequiera que vayas. Este libro de la ley no* *se apartará de tu boca, sino que meditarás en él día y noche, para que cuides de hacer todo lo que en él está escrito; porque entonces harás prosperar tu camino y tendrás éxito* (Josué 1:7-8).

En otras palabras, Dios le estaba diciendo a Josué: "Tú vas a tener éxito si aprendes y sigues mis preceptos y mis principios". Dios le garantizó el éxito si él obedecía los mandamientos que el mismo Moisés tenía que obedecer. Debes notar que Dios no le dijo a Josué que imitara *la vida* de Moisés literalmente, sino que siguiera los *principios* de Moisés, los cuales había usado en su propia obra. De la misma manera, nunca tienes —y jamás debes— imitar la vida de nadie más.

Sin embargo, puedes y debes seguir los principios establecidos de visionarios exitosos. Los "Doce principios para la realización de la visión personal" que se encuentran a continuación, han sido usados por gente de visión y están diseñados para proteger, preservar y garantizar el cumplimiento o la realización de tu sueño. Si puedes capturar estos principios, te vas a mover más allá del sistema de supervivencia; vas a convertirte en un vencedor y verás cómo tu visión se convierte en una realidad.

Dios nunca ha creado un fracaso. Él te diseñó a ti, te esculpió y te hizo nacer para que llegues a ser un éxito. Si has fallado, solo se debe a que eres un éxito que se desvió de su curso. Recuerda que no tienes que quedarte en la orilla. La redención restaura en ti la habilidad para realizar tu visión.

Cualquiera puede llegar a tener éxito. He visto en forma personal cómo Dios capacita a las personas para que puedan transformar ideas en realidades que pueden ser vistas en el mundo físico. El problema es que muy pocas personas están siguiendo los principios que llevan al éxito. Ya sea que no conocen los principios o que nunca los han probado al ponerlos en la práctica. Estas personas no permiten que los principios de la visión obren en su vida y, por consecuencia, no pueden experimentar el cumplimiento y realización de sus visiones. Una persona exitosa es alguien que entiende, se somete y se adhiere a los principios que lo van a llevar al éxito.

Los "Doce principios para la realización de la visión personal" te van a ayudar a encontrar tu objetivo y a mantenerte en la trayectoria correcta. Estos principios no son personales ni privados. Pueden discernirse claramente a través de las escrituras y a través de las vidas de visionarios consumados, y están probados por la historia. Jesús mismo tuvo que usar cada uno de estos principios para tener éxito en su obra de redención. No puedes evitarlos o ignorarlos. Si no los usas, vas a tener muy pocas probabilidades de realizar la visión de tu vida. Sin embargo, si eres cuidadoso para ponerlos por obra y para practicarlos, vas a llegar a tener éxito.

4

PRINCIPIO #1:
DEBES SER DIRIGIDO POR UNA VISIÓN CLARA

*Para poder realizar tu visión, debes tener un propósito
muy claro que dirija tu vida.*

El primer principio de la visión es que debes tener un propósito
muy claro que dirija tu vida. Cada líder efectivo de cada grupo
de personas en la historia ha tenido la misma cosa en común:
cada uno de ellos fue dirigido por una visión bien clara. Debes
recordar que Moisés, Josué, David y Nehemías, cada uno de ellos
tenían visiones que los dirigían y que los motivaban a tomar sus
acciones. La primera cosa que Dios le dio a Abraham fue una
visión específica. Dios le mostró la tierra prometida, y le dijo:
"Esa es tu visión. Tú vas a llevar a todos tus pequeños allí".

No puedo enfatizar con suficiencia la necesidad que existe de
tener una visión que lo dirija a uno en la vida, porque tal vez, es
la segunda clave más importante para llegar a realizar tu sueño
o visión. Tú, personalmente, como individuo, debes tener tu
propia visión para que te dirija en la vida. Esta visión debe ser

absolutamente clara para ti porque, de otra manera, no vas a tener ningún objetivo hacia dónde apuntar y no llegarás a realizar nada.

Como escribí anteriormente, cuando conoces y entiendes aquello para lo cual naciste, este es el propósito. Cuando lo puedes ver en tu mente por fe y comienzas a imaginártelo, esto es la visión. No puedes contribuir al propósito más grande de Dios si no conoces tu visión personal. Si no tienes ningún sentido de objetividad o de enfoque, solo vas a vagar por ahí. Me gusta lo que Jesús dijo en Lucas 2:49: *En los negocios de mi Padre me es necesario estar* (RVR 60). Había muchos otros tipos de negocios en donde Jesús se podía haber involucrado. Pero Él identificó el trabajo específico en la vida que era el que tenía que hacer y eso fue lo que motivó todo lo que hizo.

Independientemente de que seas una persona joven, una persona de mediana edad, o de avanzada edad, si no tienes un propósito claro, vas a ser distraído por cualquier otra cosa o negocio en el mundo, porque el mundo es un lugar extremadamente ocupado. Debes darte cuenta que una vez que has colocado tu mente en lo que quieres hacer, todos los otros negocios en el mundo van a tratar de distraerte para que no lo hagas. El hecho de tener un propósito bien claro que te dirija te va a capacitar para mantenerte en la misma trayectoria cada vez que enfrentes la tentación de ser distraído por cosas inferiores o que no son esenciales.

EL QUÉ Y EL POR QUÉ DE LA EXISTENCIA

Uno de los títulos que poseo es en educación, y tuve que tomar la materia de biología como parte de los requisitos para graduarme en este título. En verdad disfruté este curso porque fue extremadamente detallado. Al final de este curso, recibí un

100 como calificación. Me sentía muy orgulloso de mí mismo. Pero mientras estaba mirando mi calificación, presumiéndome a mí mismo acerca del gran trabajo que yo había hecho y de lo mucho que había aprendido acerca del cuerpo humano, una pregunta surgió en mi mente: *Ahora que tú ya sabes lo que es el cuerpo humano, ¿acaso sabes por qué es así?* La educación nos puede dar conocimiento, pero no siempre nos puede dar razones.

Entonces, descubrí que la clave de la vida no solo consiste en conocer lo que eres, sino también en conocer el por qué. *Es mucho más importante saber por qué naciste en lugar de solo llegar a saber el hecho de que naciste.* Debes capturar el significado de tu vida y una clara visión para tu existencia. Deberías saber quién eres (tu origen y propósito en Dios), así como tus habilidades y planes para el futuro.

Déjame hacerte algunas preguntas difíciles, pero que son necesarias: ¿acaso has andado de trabajo en trabajo cambiando varias veces en los últimos años? ¿Sigues cambiando tu área de especialidad en la universidad? ¿Haces una cosa durante un tiempo, y luego vas a hacer otra cosa debido a que te sientes aburrido o insatisfecho? Si esto es así, a ti te falta tener visión. No fuiste creado para estar aburrido e insatisfecho. No puedo esperar a levantarme en la mañana, y no me gusta ver que el sol desaparece al final del día. ¿Por qué? Porque quiero exprimir al máximo cada día, porque tengo una visión que me mantiene apasionado. En Proverbios 6:10-11 dice: *Un poco de dormir, un poco de dormitar, un poco de cruzar las manos para descansar, y vendrá como vagabundo tu pobreza, y tu necesidad como un hombre armado.* La gente floja es gente que no tiene visión. La gente aburrida son aquellos que no han encontrado su propósito todavía.

Tú debes decidir hacia dónde te quieres dirigir en la vida y entonces debes ser decidido y fiel para realizar eso. No pospongas esta decisión ni tengas miedo de ella. Más aun, cuando estés decidiendo, debes asegurarte de que no te vas a quedar corto. El apuntar hacia las nubes es apuntar muy bajo. Al contrario, haz de las nubes tu colchón por si acaso llegas a fallar.

Recuerda que la visión no es lo mismo que el objetivo; tener un propósito y una visión tiene que ver con la existencia de tu vida. Te permite hacer la pregunta: "¿Por qué es que nací?". Si bien no sabes todas las ramificaciones de tu vida, lo cual Dios te puede llegar a revelar en la eternidad, sí deberías tener una buena idea acerca del propósito que Él te ha dado para realizar aquí en la tierra. Sin ello, lo único que estás haciendo es existir.

UN TRABAJO VERSUS UNA VISIÓN

Quiero ilustrar para ti la diferencia entre simplemente tener un trabajo y tener un claro propósito que dirige tu vida, mirando la vida de Nehemías. Nehemías tenía un trabajo como el copero de Artajerjes, quien era el rey de Persia (ver Nehemías 1:11). Esta parecía ser una posición muy importante que incluía el hecho de servir al rey y a todos sus invitados reales, así como también probar el vino del rey para estar seguro que no estaba envenenado. Pero ser el copero del rey significaba mucho más que esto. Nehemías se encontraba en una muy alta posición dentro de la corte del rey.[2]

2. R. Laird Harris, "Nehemiah" en The New International Dictionary of the Bible, J.D. Douglas y Merrill C. Tenney, eds. (Grand Rapids, MI: Zondervan Publishing House, 1987), 699; y The Wesley Bible: A Personal Study Bible for Holy Living, Albert F. Harper, gen. ed. (Nashville: Thomas Nelson Publishers, 1990), 669.

Aunque la ocupación de Nehemías era muy prestigiosa, para él simplemente era un trabajo porque su mente estaba ocupada con algo más. Nehemías era un descendiente de uno de los grandes grupos de judíos que habían sido llevados en cautividad por los babilonios. Los babilonios subsecuentemente fueron derrotados por los persas, y por esto es que Nehemías estaba sirviendo a un rey persa. En el tiempo de la cautividad de Babilonia, la ciudad de Jerusalén había sufrido una terrible destrucción. Pero cuando los babilonios fueron derrotados setenta años después, cincuenta mil judíos habían regresado a Judea y reconstruido el templo. El esfuerzo de reconstruir los muros de Jerusalén fue obstaculizado por la oposición de pueblos vecinos que habían convencido al rey Artajerjes para que expidiera un decreto, logrando detener todo ese trabajo. En el primer capítulo del libro de Nehemías, él escuchó que "la muralla de Jerusalén está derribada y sus puertas quemadas a fuego" (v. 3). Algunos creen que esta destrucción se refiere a la devastación general de Jerusalén, mientras que otros piensan que es una referencia a la oposición particular de reconstruir el muro.[3] De cualquier manera, las noticias llenaron a Nehemías de dolor. Cuando escuchó que el muro de Jerusalén fue derribado y que todo se encontraba en completa confusión, Nehemías se sentó y lloró, e hizo duelo algunos días, y estuvo ayunando y orando delante del Dios del cielo (ver Nehemías 1:4).

TU VERDADERO TRABAJO ES AQUELLO PARA LO CUAL NACISTE

Me gusta pensar en el trabajo de copero de Nehemías como su ocupación preliminar, o como su "pre-ocupación", porque

---

3. *The Wycliffe Bible Commentary*, Charles F. Pfeiffer y Everett F. Harrison, eds. (Chicago: Moody Press, 1962), 427, 435–36.

él había nacido para realizar otra función que era mucho más importante. Tu verdadero trabajo es aquello para lo cual naciste. Tu trabajo es lo que tú haces solo hasta que estás listo para realizar tu visión. Dios había colocado en el corazón de Nehemías la visión de reconstruir el muro: *Y me levanté de noche, yo y unos pocos hombres conmigo, pero no informé a nadie lo que mi Dios había puesto en mi corazón que hiciera por Jerusalén, y no había ningún animal conmigo excepto el animal sobre el cual iba yo montado* (Nehemías 2:12).

En Nehemías 2:1 dice: *Aconteció que en el mes de Nisán, en el año veinte del rey Artajerjes, estando ya el vino delante de él, tomé el vino y se lo dí al rey. Yo nunca había estado triste en su presencia.*

La implicación aquí es que Nehemías estaba haciendo su trabajo muy bien hasta que escuchó las noticias acerca del muro. Entonces, tuvo la idea de reconstruirlo. Él fue a Dios en oración acerca de esto, y Dios le dijo que regresara y que lo reconstruyera. Esta era la visión que Nehemías estaba obligado a hacer en su vida. Su deseo de cumplir con la obra de su vida comenzó a interferir con su trabajo. Él estaba trabajando para el rey, pero su deseo de reconstruir el muro comenzó a desgastarlo y se deprimió muchísimo. El rey le dijo: *¿Por qué está triste tu rostro? Tú no estás enfermo; eso no es más que tristeza de corazón* (v. 2).

Cuando Dios te da una visión y la confirma, nada puede detenerla. Si Él te dice que comiences a construir, que inicies algo, que inviertas en algo, que crees o fabriques algo, esto te va a estar molestando profundamente dentro de ti; te vas a deprimir hasta que lo hagas. Esta es una depresión "santificada"; sin embargo, el sentir debe ser: "No voy a estar satisfecho hasta que realice mi visión".

¿Acaso tu verdadera obra, tu propósito, te está haciendo sentir incómodo en tu trabajo actual? Esta era la situación de Nehemías. Él se sentía atribulado continuamente hasta en tanto pudo tomar alguna acción en dirección de su visión. Las personas que saben aquello para lo que han sido llamados a ser y hacer parecen estar poseídos por sus visiones. Y en un sentido, lo están. Están poseídos por las cosas que Dios les ha dado a realizar. Nehemías vio el muro completamente terminado en los ojos de su mente aun antes de que él comenzara a trabajar en él. Y esta visión instigó su pasión.

¿QUÉ ES LO QUE TÚ QUIERES?

Cuando el rey vio la tristeza de Nehemías, le hizo una de las preguntas más importantes que alguien le puede hacer a una persona: *¿Qué es lo que pides?* (Nehemías 2:4). Lo que es sumamente significativo es el hecho de que Nehemías fue capaz de contestar esta pregunta específicamente. Él dijo: *Si le place al rey, y si tu siervo ha hallado gracia delante de ti, envíame a Judá, a la ciudad de los sepulcros de mis padres, para que yo la reedifique* (v. 5). Nehemías sabía claramente su visión que lo estaba dirigiendo, y su plan era tan específico que fue capaz de darle al rey un tiempo estimado para realizarlo. *Necesitas preguntarte seriamente a ti mismo la misma pregunta: "¿Qué es lo que yo quiero?".*

¿Sabes realmente lo que quieres de la vida? Algunas personas solo quieren satisfacerse por medio de actividades que solamente los sirvan a ellos. Otros piensan que la vida comienza cuando se jubilan o se retiran, y ellos pierden prácticamente toda su vida.

Algunas personas solo quieren llegar a poseer una casa. Pero una vez que obtienen su casa, ¿qué sigue? Quieren comprar un mejor automóvil. Está bien. ¿Y luego qué? Quieren tener hijos. Pero una vez que los tienen, ¿entonces, qué? Tiene que haber algo más en la vida que solo las cosas que acumulamos. En Lucas 12:15, Jesús dijo: *La vida del hombre no consiste en la abundancia de los bienes que posee* (RVR 60). Tu verdadera visión no es una casa, ni un automóvil, ni siquiera los hijos, dado que algunas veces tratamos a nuestros hijos como posesiones. Hay algo más importante en la vida que "los trofeos" que nos gusta coleccionar alrededor de nosotros mismos. Para poder encontrar tu visión, debes estar en contacto con los valores y las prioridades del reino de Dios. *Tu visión debería ser algo que va a seguir viviendo aun después de que tú te hayas ido, algo que tiene un poder más duradero que las posesiones.* La vida de las personas debería ser cambiada por tu visión. ¿Qué es lo que tú quieres? El Rey de reyes te está haciendo esta pregunta el día de hoy, y tú debes ser capaz de darle a Él una respuesta.

¿Cómo vas a contestar esta pregunta? En primer lugar, tienes que pedirle a Dios que confirme aquello que Él puso en tu corazón para que lo hicieras. La primera respuesta de Nehemías al problema de Jerusalén fue: "Déjenme ir a Dios en oración". Él tenía una pasión ardiente dentro de sí para solucionar los problemas de su pueblo. Tal vez tú ya sabes cómo se siente este tipo de ardor. Y te sientes frustrado con relación a ciertas cosas que ves en tu vecindario y en tu país. Tienes un deseo muy fuerte de ver un cambio y has orado, diciendo: "Dios, algo anda mal con nuestro país, algo anda mal en nuestras colonias, algo anda mal en nuestros matrimonios". Nehemías se dirigió a Dios, y Dios escuchó su oración y la contestó por medio de confirmarle lo que debía hacer. Tu visión solo te pertenece a ti en forma única como una persona que ha recibido un llamamiento de Dios. A medida que ores, esto se te va a aclarar.

LA VISIÓN TIENE QUE VER PREFERENTEMENTE CON EL FUTURO

Tu visión es un claro retrato de condiciones que no existen actualmente, pero que pueden llegar a existir. Es una imagen mental muy fuerte de un futuro preferible. Esto significa que el presente no es suficiente; se necesita algo más. La visión nunca va a mantener el *statu quo* actual. La visión consiste en estirar la realidad mucho más allá de su estado presente. Por tanto, nunca deberías conformarte con lo que tienes actualmente. La visión siempre va más allá, forzando todo tipo de situaciones. Demanda y exige un cambio por su misma naturaleza. Debido a que la visión frecuentemente es clarificada por medio del deseo de resolver un problema, tal y como sucede en el caso de Nehemías, *mucha gente no se da cuenta de que la visión se encuentra activa aun cuando las cosas estén en una buena posición y en una buena condición.* Algunas veces, Dios va a activar una visión cuando las cosas andan bien. ¿Por qué? Para activar tu vida de tal manera que te muevas hacia adelante y puedas progresar en lugar de quedarte estancado. Cuando todo va bien de la manera como siempre ha estado, y te estás acostumbrando a tu situación, puedes tender olvidar tu visión. Entonces, Dios puede usar una visión para sacudirte y sacarte de tu indiferencia. Una visión siempre te va a llevar de lo bueno a lo mejor, y de lo mejor a lo excelente.

Es la naturaleza de la visión el concentrarse en tu futuro. Se enfoca en pensar hacia adelante en lugar de mantenerse o de estar buscando duplicar el pasado. Necesitamos edificar basados en el pasado, pero nunca podemos regresar al pasado. *La visión siempre se enfoca en el futuro.*

La visión no significa volver a ganar lo que tenías; significa moverse hacia adelante para ganar lo que nunca has tenido. La visión no trata de volver a capturar aquellos viejos buenos días; desea crear días que no han existido todavía. Dios quiere hacer grandes obras en nuestras vidas, y tenemos que tener cuidado de no perdernos estas oportunidades por medio de tener una falsa perspectiva de aquello que ha sucedido antes.

Cuando estás muy cerca de un visionario, o muy cerca de una visión, continuamente vas a ser llevado al cambio. Ir a un lugar nuevo, cambiarte a otro lado nuevo. También tienes que pensar en una manera diferente. Algunas veces esto causa incomodidad. La visión te puede mantener continuamente perturbado, pero al mismo tiempo, te mantiene fluyendo y moviéndote, listo para tomar el siguiente paso en dirección de tu visión. Es esencial entender esta verdad porque, cuando andas en la compañía de Dios, tienes que estarte moviendo. Cuando los israelitas estaban viajando por el desierto, ellos clavaban sus estacas y levantaban sus tiendas, pero muy pronto la columna de nube se movía otra vez, y ellos necesitaban seguirla. Dios nos mantiene en movimiento para que no nos estanquemos. *Una visión clara nos da la pasión que nos mantiene moviéndonos continuamente hacia adelante en la vida.*

PASOS PARA REALIZAR LA VISIÓN

"¿Qué es lo que quieres hacer en la vida?", es la pregunta que te hace el Rey. ¿Puedes contestarla verdaderamente? Escribe en una hoja de papel tu respuesta.

¿Qué cosas en tu vida te están distrayendo del "verdadero negocio" de tu vida?

5

PRINCIPIO #2: DEBES CONOCER TU POTENCIAL PARA PODER REALIZAR LA VISIÓN

Cuando descubres tu sueño o visión, también descubres la habilidad que tienes para realizarlo.

En segundo lugar, nunca vas a tener éxito en tu visión hasta que llegues a entender verdaderamente tu potencial. Debes recordar que tu potencial es determinado a través de la tarea que Dios te ha dado para que realices. *Cualquiera que sea aquello para lo que naciste, estás equipado para hacerlo.* Más aun, los recursos estarán disponibles para ti a medida que los necesites.

Dios da la habilidad para cumplir con la responsabilidad. Por lo tanto, cuando descubres tu sueño o visión, también descubres tu habilidad junto con ellos. Dios nunca te llama a realizar una tarea sin darte la provisión para que puedas realizarla. Si puedes entender este principio, nadie te puede detener de cumplir y realizar tu visión.

Debemos ser conscientes de nuestro potencial. El potencial es la capacidad escondida, el poder sin desarrollar, la energía que no ha sido liberada. Es todo lo que puedes llegar a ser, pero que todavía no has llegado a serlo. El potencial es quién eres realmente, de acuerdo con tu visión, aun si todavía no conoces tu verdadera forma de ser. El potencial es la persona que ha sido atrapada dentro de ti debido a las ideas falsas que tienes con relación a quién verdaderamente eres tú, ya sea que estas ideas vengan de ti o de otros. Dios te ha creado para que realices algo maravilloso, y te ha dado la habilidad y los recursos que necesitas para llevarlo a cabo.

EL PODER QUE OBRA DENTRO DE NOSOTROS

En Efesios 3:20 dice: *Y a aquel que es poderoso para hacer todo mucho más abundantemente de lo que pedimos o entendemos, según el poder que obra en nosotros.* Muchos de nosotros hemos escuchado este versículo tantas veces que creemos que nos lo sabemos. Pero no creo que realmente entendamos lo que quiere decir: *Según el poder que obra en nosotros.* ¿Dónde? No dice que su poder esté obrando en el cielo. ¡Dice que está obrando en nosotros! Dios puso su provisión y su Espíritu Santo dentro de nosotros, y esto es más que suficiente potencial para nuestras necesidades.

¿Cuáles son las implicaciones de esta verdad? Quiere decir que todo aquello que puedes hacer tiene que ver con "el poder" que está obrando dentro de ti. Ese poder es el imponente poder del Espíritu Santo de Dios que vive dentro de ti, capacitándote para realizar la visión que Él te ha dado. El poder de Dios está obrando actualmente dentro de ti para la realización de tu sueño o visión.

Esta Escritura cambió mi vida en un punto y en un momento cuando yo no estaba manifestando mucho de mi propósito. A mí me criaron con la idea religiosa de que solo recibes aquello que pides. Por consecuencia, yo no recibí mucho. Pero después entendí que Dios nunca prometió que solo me daría aquello que yo pidiera. Al contrario, Dios dijo algo verdaderamente extraordinario: Él va a hacer algo "inconmensurablemente" o "extraordinariamente grande" y mucho más allá de todo lo que podamos pedir, pensar o imaginar. En otras palabras, mi imaginación no es suficientemente grande para todo lo que Él quiere hacer para mí.

Una vez que yo pude digerir esta verdad, comenzó a transformarse mi perspectiva. Me permitió avanzar de solo tener mi propio conocimiento de mi propósito, para llegar a la fe que acompaña la visión. Por ejemplo, en los ojos de mi mente y de mi imaginación yo ya había estado en los edificios que iban a ser construidos para Bahamas Faith Ministries de acuerdo con la visión que Dios me había dado. En mi imaginación, ya había subido en el elevador hasta el séptimo piso del hotel. Había estado en una sala de conferencias, hablando con líderes que venían de todo el mundo y que se encontraban reunidos en ese lugar. Ya había visitado el Centro de Convenciones. Creo que Dios va a hacer que esta visión se realice. Y eso es todo lo que yo puedo imaginar. ¡Dios tiene mucho más en su propia imaginación para la realización de esta visión!

DATE UN PASEO POR TU SUEÑO O VISIÓN

No podemos comenzar a imaginarnos todas las cosas que Dios quiere hacer para nosotros. Pero *Dios nos ha dado el don de la imaginación para evitar que solo nos enfoquemos en nuestras condiciones presentes.* Él quiere que nosotros tomemos "un paseo" en nuestras visiones en forma regular.

¿Qué es lo que te imaginas haciendo? Vete de paseo a tu sueño o visión. Visita todo lo que puedas. Revísalo todo. Ve todos los detalles. Toma nota de su valor. Entonces, regresa al presente y di, "¡Vamos para allá, Dios!".

Dios le dijo a Jeremías: *Antes que yo te formara en el seno materno, te conocí, y antes que nacieras, te consagré, te puse por profeta a las naciones* (Jeremías 1:5). Debes notar que Dios usó el tiempo pasado. Él ya había apartado y elegido a Jeremías como profeta. Pero al principio, Jeremías respondió: *¡Ah, Señor Dios! He aquí, no sé hablar, porque soy joven* (v. 6). De hecho, la reacción de Dios fue: "¡No digas eso! Si yo te levanto para que seas un profeta, ¡no me vengas a decir que tú no puedes hablar!" (ver vv. 6-7).

Una vez que Dios le mostró a Jeremías por qué él había nacido, Jeremías descubrió lo que podía hacer. En otras palabras, cuando Jeremías entendió su visión, comenzó a darse cuenta de su habilidad. Al principio, no creía que podía hablar públicamente para Dios. Todo aquello para lo que Dios llama, Él siempre provee para eso. Cualquier cosa que Dios pide de nosotros, Él nos capacita para poder hacerlo. En este caso, Dios le dio a Jeremías la habilidad para hablar por Él: *Entonces extendió el Señor su mano y tocó mi boca. Y el Señor me dijo: He aquí, he puesto mis palabras en tu boca* (Jeremías 1:9).

Debes entender que Dios nunca te va a llamar a hacer algo donde Él no te ha dado ya la habilidad para hacerlo; y también debes entender que te dará la habilidad para hacerlo cuando llegue el tiempo adecuado. *Nunca debes permitir que otro ser humano juzgue tu potencial*. Los demás tal vez no sean capaces de ver tu propósito, y tus habilidades son determinadas por tu propósito. Todo aquello que Dios está haciéndote soñar es una revelación de tu habilidad. La responsabilidad realmente es "la habilidad para responder" o la responsabilidad para responder a los requisitos de tu visión.

ERES PERFECTO PARA TU PROPÓSITO

Todo lo que tiene que ver contigo es determinado por tu propósito. Dios te creó, te diseñó y te dio la configuración para ello. Tu herencia y tu mezcla étnica, el color de tu piel, tu lenguaje, tu estatura y todas tus otras características fueron hechas para el cumplimiento de tu visión. Fuiste hecho para aquello que estás supuesto a hacer. Eres perfecto para tu propósito.

Esto significa que tu habilidad no está dependiendo de aquello que percibes como tus limitaciones. Cuántas personas no han hecho declaraciones tales como: "No tengo educación suficiente", "Soy muy feo", "Soy muy corto de estatura" o "Pertenezco a un grupo minoritario". Tienen una enorme lista de razones de por qué ellos no pueden hacer lo que están soñando hacer. Ninguna de esas excusas es válida. Todo lo que Dios te pide que hagas, eres capaz de hacerlo. Para todo lo que Dios pone en tu corazón hacer, tienes la habilidad correspondiente para poder realizarlo.

Los sueños o visiones son dados para sacar de nosotros lo que ya está dentro de nosotros y para activar el poder de Dios y capacitarnos para realizar nuestras visiones. Esta es la razón de por qué Dios nos da sueños o visiones que son mucho más grandes que la educación que tenemos. Dios nunca nos da sueños o visiones para frustrarnos. Él nos da sueños y visiones para liberarnos de la mediocridad y para revelar nuestras verdadera persona ante el mundo. Mientras más estudio la Palabra de Dios, más me doy cuenta de que Dios escoge, unge y separa personas. Él no quiere que se pierdan en medio de la mediocridad.

EL POTENCIAL SE REALIZA CUANDO LE DICES SÍ A TU SUEÑO O VISIÓN

La habilidad para realizar tu visión se manifiesta cuando le dices sí a tu sueño o visión y obedeces a Dios. No sabes hasta qué tanto tu trabajo actual puede contener potencial escondido para tu verdadera obra en la vida. Puede estarte abriendo camino para los recursos que vas a necesitar para realizar tu visión. Dios revela nuestro potencial a medida que actuamos en nuestros sueños o visiones.

Para poder entender mejor esta verdad, vamos a considerar una analogía de la naturaleza. En la creación, Dios le dio a los árboles la habilidad de reproducirse por sí mismos a través de su semilla. Al hacer esto, Dios les estaba ordenando a los árboles que salieran de esas semillas. Primero, Él puso el potencial de los árboles en las semillas. Entonces, en esencia, con esto le dijo a la raza humana: "Si plantas las semillas y las colocas en el medio ambiente adecuado, eventualmente se van a convertir en lo que yo dispuse en ellas (su potencial), en árboles completamente crecidos".

Nuestras vidas son como las semillas. Nacimos con el potencial para realizar nuestro destino que ya había sido establecido dentro de nosotros. Cuando Dios le da una visión a alguien, simplemente está llamando a que salga aquello que Él puso en esa persona. Por esto es que siempre puedes determinar lo que puedes hacer a través del sueño o visión que está dentro de ti. Planta la semilla de tu visión por medio de comenzar a actuar en ello y nútrela por la fe. Tu visión se va a desarrollar a su estatura total y va a llevar mucho fruto hacia todo el mundo.

PASOS PARA REALIZAR LA VISIÓN

Toma un "paseo virtual" de tu sueño o visión. Imagina todos los detalles de la visión ya terminada. Entonces, hazle saber a Dios que es ahí adónde quieres ir. Pídele que te capacite para que puedas llevar tu idea de ser un sueño a una realidad completamente desplegada y desarrollada.

¿Cómo puedes comenzar "a plantar la semilla" de tu visión el día de hoy?

6

PRINCIPIO #3:
DESARROLLA UN PLAN CONCRETO PARA TU VISIÓN

Del hombre son los propósitos del corazón.
—Proverbios 16:1

En tercer lugar, para poder ser exitoso, debes tener un plan muy claro. No hay futuro si no hay planeación. He conocido personas que han tratado de ser exitosas una y otra vez sin tener plan alguno. Esto nunca funciona.

DIOS DA LA VISIÓN, Y NOSOTROS HACEMOS LOS PLANES

Cuando era un adolescente y había sido cristiano por solo dos años, me preguntaba por qué parecía que Dios no me estaba guiando en mi vida. Tal vez te estás preguntando la misma cosa acerca de tu propia vida. Acostumbraba desear que Dios me mostrara su voluntad en la noche, mientras que yo estaba en mi habitación, por lo tanto, permanecía despierto casi toda la noche con un ojo abierto, solo esperando. Acostumbraba orar diciendo: "Oh Señor, permite que tus ángeles se muestren". Entonces, miraba y no había nada excepto los mosquitos. Algunas veces, podía escuchar un pequeño ruido afuera y hasta llegaba a abrir la puerta, pensando que los ángeles habían llegado. Pero cuando miraba hacia fuera, lo único que podía ver era una rata cruzando el patio. ¡Vaya ángel!

Persistía en querer que Dios se mostrara a sí mismo para mí, y para guiarme. Cada vez que se cantaba cierto canto en la iglesia, yo acostumbraba cantarlo mucho más alto: "¡Guíame, guíame todo el camino!". Un día que estaba cantando este canto, sentí que el Señor me estaba diciendo: *¿Que te guíe en qué camino?* Entonces me di cuenta de que si no tenemos un plan, Dios no tiene nada específico hacia dónde dirigirnos.

Proverbios 16:1 dice: *Del hombre son los propósitos del corazón, mas del Señor es la respuesta de la lengua.* Esta es una declaración muy poderosa. De hecho, Dios está diciendo: "Yo te di la visión. Ahora, tú escribe el plan en un papel y yo me voy a encargar de los detalles". Proverbios 16:9 dice: *La mente del hombre planea su camino, pero el Señor dirige sus pasos.* Si no tienes un plan, ¿cómo es que Él puede dirigirte?

¿Acaso le has expresado a Dios lo que está en tu corazón y le has presentado a Él tu plan para poder llevarlo a cabo? La Biblia dice que Dios te va a dar el deseo de tu corazón si te deleitas en Él (ver Salmo 37:4). Sin embargo, esto también implica que Dios va a dirigir tus pasos una vez que haces un plan concreto para moverte hacia lo que deseas.

Las ideas son semillas de destino plantadas por Dios en las mentes de la raza humana. *Cuando se cultivan las ideas, se convierten en imaginación. La imaginación, si se le riega con agua y se le desarrolla, se convierte en un plan. Finalmente, si se sigue el plan, se convierte en realidad.* Sin embargo, cuando una persona recibe una idea de parte de Dios, debe ser cultivada pronto o la idea desaparecerá. Si esa persona nunca trabaja en esa idea, Dios se la dará a alguien más. Inevitablemente, si la segunda persona toma la idea, hace un plan y comienza a trabajar en ello, la primera persona se va a poner celosa, ¡porque fue quien tuvo la idea primero! Pero lo que importa no es el simple hecho de tener ideas. Las ideas necesitan tener planes si se van a convertir en una realidad.

La gente joven piensa con frecuencia que sus sueños van a suceder por sí solos. Pero se dan cuenta más tarde que han desperdiciado muchos años de su vida muy tristemente, porque este no es el caso. No existe manera en que ninguno de nosotros puede moverse hacia adelante en nuestros sueños o visiones sin un plan. Jesús dijo que una persona sabia no comienza a construir algo, a menos que primero haya establecido los detalles: *Porque, ¿quién de vosotros, deseando edificar una torre, no se sienta primero y calcula el costo, para ver si tiene lo suficiente para terminarla? No sea que cuando haya echado los cimientos y no pueda terminar, todos los que lo vean comiencen a burlarse de él, diciendo: "Este hombre comenzó a edificar y no pudo terminar"* (Lucas 14:28-30).

Dios mismo tuvo un plan cuando creó a la humanidad. En Efesios 1:11 dice lo siguiente: *También hemos obtenido herencia, habiendo sido predestinados según el propósito de aquel que obra todas las cosas conforme al consejo de su voluntad.*

Alguien me dijo una vez: "Parece que tú siempre vas a algún lado. Solo relájate". Yo le dije: "He descubierto algo de la vida. En el lugar donde yo vivo en las Bahamas, cuando solo te sientas en un bote y te relajas, la corriente te lleva adonde quiera que va, aun si tú no quieres ir allá. La vida es de la misma manera". Muchas personas solo andan flotando a la deriva con sus vidas, y aun así esperan poder realizar sus metas.

La vida le ha dado a mucha gente una clara navegación, pero debido a que no tienen ningún destino, ellos nunca salen del puerto. ¿Qué es lo que quiero decir cuando digo una navegación clara? Quiero decir *oportunidades*. Son muchas las oportunidades que vienen a las personas, pero estas no tienen un plan que les permita sacar algún provecho de ellas.

Por ejemplo, supongamos que deseas poder comenzar un negocio, pero nunca has pensado cómo lo vas a hacer. Qué tal si alguien se te acerca y te dice: "Quiero invertir mi dinero; tú me caes bien. ¿Por qué no desarrollas algún negocio con mi dinero?". Probablemente responderías algo como esto: "Me gustaría hacerlo, pero en este momento yo solo soy un empleado…". Sin embargo, si tú hubieras desarrollado un plan específico, si hubieras estado leyendo los libros adecuados y preparándote a ti mismo; si hubieras escrito todo esto en un papel, estarías preparado para esta oportunidad. Podrías decir: "¿Tienes el dinero suficiente? Aquí está el plan. ¡Estoy listo para comenzar!".

LOS PLANOS DE TU VISIÓN

Cuando un contratista está construyendo una estructura, usa los planos. Ese es el plan para su visión, que representa el edificio terminado. El contratista siempre mantiene una copia de sus planos en el sitio de construcción junto con él. ¿Por qué? Porque necesita estar revisándolos para ver si el edificio se está construyendo correctamente. Si tú no tienes un plan para tu vida, no tendrás nada para referirte cuando quieras asegurarte si estás en el camino correcto. ¿Cómo se comienzan a desarrollar los planos para tu visión?

¿QUIÉN SOY YO?

Otra vez, primeramente, debes asegurarte de que tienes la respuesta a la pregunta: "¿Quién soy yo?". Hasta que hagas esto, va a ser muy difícil que escribas un plan para tu vida, porque dicho plan está directamente relacionado con el hecho de saber quién eres. Nunca vas a ser verdaderamente exitoso en tu vida si no tienes una idea clara de tu propia identidad en Dios. Muchos de nosotros nos hemos convertido en lo que la gente quiere que seamos, y todavía no hemos descubierto nuestra identidad única e irremplazable. Pero lo que te da el valor para escribir el plan de tu vida es el hecho de conocer tu verdadera identidad.

¿HACIA DÓNDE VOY?

Después de esto, debes contestar la pregunta: "¿Hacia dónde voy?". Una vez que has aprendido el propósito de Dios, puedes comenzar a planear en forma efectiva porque lo harás con un enfoque. *La visión se convierte en un plan cuando es capturada, cuando es desarrollada y se escribe en un papel.*

Por favor, nota que ambos versículos, tanto el 1 como el 9 de Proverbios 16, dicen que Dios deja la planeación para el corazón de la persona, pero que Él va a proveer la explicación acerca de cómo se va a realizar la visión. El plan que está en tu corazón es un documento de un futuro que no ha sido terminado todavía. Cuando escribes el plan en un papel, se convierte en la descripción del final de tu vida, y no del comienzo. Por esto es que Dios dice: "Tienes que hacer el plan, y yo voy a explicar la forma en cómo va a ejecutarse, quién va a trabajar en él y de dónde van a venir los recursos y las instalaciones. Deja esa parte para mí. Tú solo escribe los planes".

Soy un fanático de la planeación. Cualquiera que ha trabajado conmigo te dirá eso. Tengo planes para lo que voy a hacer la semana siguiente, el siguiente mes, el siguiente año y hasta cinco años de distancia. De hecho, la visión de Bahamas Faith Ministries se encuentra escrita en papel cubriendo los siguientes sesenta o setenta años. Todo está cubierto. Para entonces, tendré como ciento diez años de edad, andaré caminando por aquí y por allá, viendo todos los edificios, y diciendo: "¡Hey, mira eso! Mira a los estudiantes que están allá. Recuerdo cuando solo teníamos un edificio. Ahora tenemos diez edificios. ¡Gloria a Dios!".

¿Tienes un plan?

¿Sabes lo que quieres hacer la semana siguiente, el siguiente mes, el siguiente año o dentro de cinco años?

¿Tienes un plan para los siguientes veinte años de tu vida?

¿Me podrías mostrar un plan para tu vida para los siguientes cincuenta años?

Dios te ha dado la habilidad de hacer esto. Te ha dado una mente, el don de la imaginación, la unción del Espíritu Santo y la visión de la fe. Te ha dado la habilidad de escribir para que puedas poner en un papel lo que ves en tu corazón. ¿Qué es lo que estás esperando? Dios dice que Él va a explicar la forma en como tu visión se va a realizar, pero Él no puede discutir esto contigo hasta que tengas algo concreto de qué hablar.

TU SUEÑO O VISIÓN ES DIGNO DE SER ESCRITO

Debes notar la manera en que Nehemías planeó su visión de reconstruir el muro de Jerusalén: *Y llegué a Jerusalén y estuve allí tres días. Y me levanté de noche, yo y unos pocos hombres conmigo, pero no informé a nadie lo que mi Dios había puesto en mi corazón que hiciera por Jerusalén, y no había ningún animal conmigo excepto el animal sobre el cual iba yo montado. Salí de noche por la puerta del Valle hacia la fuente del Dragón y hacia la puerta del Muladar, inspeccionando las murallas de Jerusalén que estaban derribadas y sus puertas que estaban consumidas por el fuego... Y subí de noche por el torrente e inspeccioné la muralla. Entonces entré de nuevo por la puerta del Valle y regresé. Los oficiales no sabían adónde yo había ido ni qué había hecho, ni tampoco se lo había hecho saber todavía a los judíos, ni a los sacerdotes, ni a los nobles, ni a los oficiales, ni a los demás que hacían la obra* (Nehemías 2:11-13, 15-16).

Nehemías no tomó ninguna acción hasta que tuvo un plan. Él seleccionó solo a unos pocos hombres de confianza para que fueran con él mientras que revisaba la situación, porque no todas las personas hubieran sido capaces de manejar el asunto en ese momento. Ciertas personas no pueden manejar tu plan mientras que tú lo estás haciendo. Por esto es que no se lo puedes decir a todo el mundo. Algunas veces lo tendrás que escribir en privado y mantenerlo en secreto durante un tiempo. Algunas personas van a tratar de convencerte para que renuncies a tu plan, diciendo: "¡No puedes hacer eso!". Si los escuchas, de inmediato vas a tirar tu plan y a terminar por ser una persona común y corriente, tal y como ellos lo son. Las personas que no van a ningún lado quieren que los demás vayan con ellos al mismo lugar. Las personas que no están haciendo nada quieren que los demás hagan lo mismo con ellos.

No todos van a entender lo que estás soñando, pero de todas formas, pon tu sueño o visión en un papel. ¿Por qué? Porque *tu sueño es digno de ser escrito*. Si Dios te lo dio, merece ser escrito. Por ejemplo, si quieres ir a la universidad para graduarte en una profesión específica, escribe tus planes para los siguientes diez años. Titula una de las páginas en tu plan con el título "Esto es lo que quiero hacer a diez años de distancia". Cualquier cosa que quieras establecer o realizar, debes escribirlo en un papel donde diga: "Para el año _____, aquí es donde yo quiero estar".

COMIENZA CON LO QUE YA TIENES

Después de que Nehemías había hecho su plan, estaba listo para hablar con otros acerca de ello. Él habló con aquellos que en forma directa estaban involucrados en llevarlo a cabo. *Entonces les dije: Vosotros veis la mala situación en que estamos, que Jerusalén está desolada y sus puertas quemadas a fuego. Venid, reedifiquemos la muralla de Jerusalén para que ya no seamos un oprobio* (Nehemías 2:17). Nehemías les expresó a ellos claramente su visión. Aquí estaba un hombre, con solo un puñado de personas, y estaba planeando hacer un proyecto que iba a requerir miles de personas para que se pudiera terminar. Pero él dijo: "Vamos a hacerlo. Vamos a reconstruir este muro". Él estaba comenzando con algo que parecía imposible, pero dijo: "Vamos a comenzar".

¿Recuerdas el principio del potencial? Lo que importa no es lo que necesitas. El hecho de comenzar con lo que tienes hace de tu visión algo exitoso, porque Dios se va a encargar de todo el resto. Sé que tienes algunas ideas que son grandes. Comienza ahí donde te encuentras en este momento y dirígete hacia donde necesites ir por medio de hacer un plan y comenzar a implementarlo.

RECONOCE LA OBRA DE DIOS EN TU VIDA

En segundo lugar, Nehemías dijo: *Y les conté cómo la mano de mi Dios había sido bondadosa conmigo, y también las palabras que el rey me había dicho. Entonces dijeron: Levantémonos y edifiquemos. Y esforzaron sus manos en la buena obra* (Nehemías 2:18).

Me gusta el hecho de que Nehemías les dijo eso. Le dio todo el crédito a Dios por la visión, y en el proceso de hacer esto, él también edificó y levantó la fe de aquellos que iban a trabajar en el proyecto. La visión necesitaba ser transferida a ellos. Ellos hubieran tenido que ejercitar su propia fe para poder realizar sus propias visiones personales dentro de esta visión mucho más grande que Dios le había dado a Nehemías. La declaración que hizo también nos muestra que Nehemías estaba tan seguro de que la visión venía de Dios, y que el Señor estaba en todo esto, que él fue capaz de decir: "Dios me dijo que hiciera esto". Nehemías no estaba solo tratando de adivinar acerca de lo que él tenía que hacer. Yo espero que te sientas de la misma manera con relación a tu sueño o visión.

TU PLAN ES MATERIAL PARA TUS ORACIONES

Cuando pones tu plan en una hoja de papel, vas a darte cuenta de que tienes material suficiente para tus oraciones. No puedes llegar a realizar tu sueño o visión solo por ti mismo, debes contar con la ayuda de Dios. Si el tiempo que dedicas a la oración es muy corto, esto tal vez se debe a que no tienes nada específico por qué orar. Si desarrollas un plan, siempre te va a faltar tiempo para orar aún más. Siempre va a haber algo en lo cual debas aplicar tu fe y para lo que tengas que creer en Dios.

TU PLAN TE VA A PERMITIR REALIZAR TU DESTINO

En Deuteronomio 30:19, Dios le dijo a la gente: *Al cielo y a la tierra pongo hoy como testigos contra vosotros de que he puesto ante ti la vida y la muerte, la bendición y la maldición. Escoge, pues, la vida para que vivas, tú y tu descendencia.*

Él estaba diciendo: "Deja de estar aplazando tus responsabilidades y esperando que eventualmente vas a llegar a algún lado en la vida. Decide si tú vas a tener bendición o maldición. Decide si vas a vivir o si vas a morir". Jesús dijo en el libro de Apocalipsis 3:15-16: *Yo conozco tus obras, que ni eres frío ni caliente. ¡Ojalá fueras frío o caliente! Así, puesto que eres tibio, y no frío ni caliente, te vomitaré de mi boca.*

¿Harás un plan, o vas a seguir aplazando las responsabilidades de tu sueño o visión para seguir vagando sin rumbo, para terminar donde las olas del agua tibia te quieran llevar? No fuiste diseñado para vagar sin rumbo. Fuiste diseñado para un destino. Haz un plan y realízalo.

PASOS PARA REALIZAR LA VISIÓN

¿Conoces las respuestas a las preguntas *¿Quién soy yo?* y *¿Hacia dónde me dirijo?* Comienza el proceso de desarrollar los planos para tu visión, por medio de escribir las respuestas a estas preguntas en una hoja de papel.

Comienza a pensar acerca de dónde quieres estar en uno, cinco, diez, veinte, treinta años de distancia. Escribe tus ideas y continúa pensando y orando por ellas.

Lee el capítulo 17, "Cómo escribir el plan de tu visión personal", y comienza a escribir los detalles de tu plan.

7

PRINCIPIO #4: DEBES TENER PASIÓN PARA TU VISIÓN

Porque el pueblo tuvo ánimo para trabajar.
—Nehemías 4:6

El cuarto principio para la realización de la visión personal es que nunca vas a ser exitoso si no tienes pasión. La gente apasionada son aquellos que han descubierto algo más importante que la vida. De hecho, Jesús les dijo a sus discípulos: "Si ustedes no están dispuestos a morir y a seguirme, entonces, ustedes no pueden ser mis discípulos; ustedes no pueden seguir conmigo" (ver Lucas 14:7) En efecto, Él también dijo, "Si quieres salvar tu vida, la vas a perder. Pero si tú estás dispuesto a perder tu vida por mi visión en tu vida, entonces, verdaderamente vivirás" (ver Mateo 26:25) El sendero a la verdadera vida consiste en hacer a un lado las falsas visiones y la ambición a cambio de una visión genuina.

¿QUÉ TANTO ANHELAS TU VISIÓN?

¿Estás hambriento de tu visión? ¿Qué tanto quieres aquello que estás buscando? La pasión es estámina que dice: "Voy a ir detrás de esto, no importa lo que suceda. Si tengo que esperar diez años, de todas formas lo voy a obtener". Otra vez, y especialmente digo esto para la gente joven, si ustedes quieren ir todo el camino hasta donde se encuentra su sueño, no pueden estar solo sentados y esperar que todo sea fácil. Deben tener un propósito que produzca pasión en ustedes. Deben tener la actitud que tenían aquellos que trabajaron en el muro con Nehemías: *Y edificamos la muralla hasta que toda la muralla estaba unida hasta la mitad de su altura, porque el pueblo tuvo ánimo para trabajar* (Nehemías 4:6).

Debes recordar que, después de que Nehemías tuvo la visión de reconstruir el muro en su corazón, él regresó a su trabajo, pero ya no estaba satisfecho con ello. Estuvo deprimido hasta en tanto se encontraba trabajando en la visión. La depresión vino como producto de su pasión por el cambio. Cuando tienes una visión, te vas a sentir triste con relación al punto donde te encuentras, porque quieres estar donde está tu verdadero gozo. La persona que se siente satisfecha con una existencia inferior, nunca va a llegar donde necesita estar. No solo la tristeza por tus condiciones presentes, sino también el enojo, te pueden llevar hacia una nueva visión y nuevos horizontes. Nunca vas a ser exitoso a menos que te enojes en relación con no hacer lo que sabes que deberías estar haciendo. Si estás contento con lo que estás haciendo, terminarás conformándote con eso.

LA VISIÓN ES EL PRECEDENTE PARA LA PASIÓN

Una de las razones por las que me mantengo apuntando a la necesidad que tienes de tener un claro propósito que te guíe en la vida es el hecho de que la visión es el precedente para la pasión. *La mayoría de la gente en la tierra no tiene ninguna pasión por la vida debido a que no existe ninguna visión en sus corazones.* En la segunda carta a los Corintios encontramos un pasaje único que muestra la pasión que Pablo tenía por su visión. Algunas personas habían retado el derecho de Pablo para ser un apóstol. Él escribió que, aun cuando les sonara ridículo y tonto lo que les iba a decir, él podía decirlo de todas maneras para probar que era un apóstol y para que ellos regresaran al verdadero evangelio: *¿Son ellos hebreos? Yo también. ¿Son israelitas? Yo también. ¿Son descendientes de Abraham? Yo también. ¿Son servidores de Cristo? (Hablo como si hubiera perdido el juicio.) Yo más. En muchos más trabajos, en muchas más cárceles, en azotes un sinnúmero de veces, a menudo en peligros de muerte. Cinco veces he recibido de los judíos treinta y nueve azotes. Tres veces he sido golpeado con varas, una vez fui apedreado, tres veces naufragué, y he pasado una noche y un día en lo profundo. Con frecuencia en viajes, en peligros de ríos, peligros de salteadores, peligros de mis compatriotas, peligros de los gentiles, peligros en la ciudad, peligros en el desierto, peligros en el mar, peligros entre falsos hermanos; en trabajos y fatigas, en muchas noches de desvelo, en hambre y sed, a menudo sin comida, en frío y desnudez. Además de tales cosas externas, está sobre mí la presión cotidiana de la preocupación por todas las iglesias* (2 Corintios 11:22-28).

¿Por qué Pablo dio una lista de problemas y de tribulaciones como parte de la prueba de que él era un apóstol genuino? De hecho, él estaba diciendo: "Si la visión y la tarea que yo he recibido no fueron reales, ¿creen ustedes que yo hubiera pasado por todos estos problemas?".

Pablo pagó un precio por la visión, pero su pasión le permitió hacerlo. Tú eres apasionado y eres real si es que puedes mantenerte firme bajo presión. Puedes saber si tu visión viene de Dios cuando permaneces firme en ello aun después de que la tormenta se ha aclarado. Es muy fácil entusiasmarse con relación a una visión, pero es mucho más difícil permanecer fiel a ella. *La fidelidad hacia la visión es una de las pruebas de su legitimidad.*

Lo que acabamos de leer acerca de Pablo no es la historia de un hombre que no tenía ninguna otra cosa mejor que hacer con su tiempo o que no tenía otras mejores opciones en la vida. Pablo fue envidiado por los mejores. Él tenía tremendas credenciales académicas. Tenía gran poder en la comunidad religiosa y podía haber sido un fariseo muy prominente. También pudo haber tenido una vida muy fácil. Su padre era un hombre de negocios y un ciudadano romano, y Pablo nació con esa ciudadanía. Estaba tan preparado para ser exitoso; él podía haber tenido éxito en cualquier categoría o en cualquier profesión. Realmente podía haber sido una historia de éxito de primera clase. Sin embargo, Pablo dijo: "Yo voy a la cárcel, yo voy a recibir latigazos, yo voy a atravesar una multitud de problemas porque la visión que Dios me enseñó es más importante que cualquier otra cosa en mi vida". Si alguien que ha tenido el respeto de todos en la comunidad y que podía haber tenido el tipo de trabajo que él hubiera querido, estaba dispuesto a pasar por todo esto, él debía haber tenido una visión. Pablo fue dirigido y estaba determinado a servir a Cristo Jesús. Previamente, él había estado buscando perseguir a la iglesia; pero ahora estaba dispuesto a pasar por persecuciones por la causa de Cristo Jesús. ¿Por qué? Porque tenía muy clara esta visión.

En Hechos 26, Pablo se encuentra en medio de un juicio ante el rey Agripa. A medida que le contó al rey acerca del propósito que Cristo Jesús le había dado en el camino a Damasco, él hizo una declaración que es muy importante con relación a la gente que tiene visión: *Yo entonces dije: «¿Quién eres, Señor?». Y el Señor dijo: «Yo soy Jesús a quien tú persigues. Pero levántate y ponte en pie; porque te he aparecido con el fin de designarte como ministro y testigo, no solo de las cosas que has visto, sino también de aquellas en que me apareceré a ti; librándote del pueblo judío y de los gentiles, a los cuales yo te envío, para que abras sus ojos a fin de que se vuelvan de la oscuridad a la luz, y del dominio de Satanás a Dios, para que reciban, por la fe en mí, el perdón de pecados y herencia entre los que han sido santificados»* (Hechos 26:15-18).

Pablo resumió su relato por medio de decir: *Por consiguiente, oh rey Agripa, no fui desobediente a la visión celestial* (v. 19). Él dijo que Dios le había dado a él una clara visión que lo guiaba, la cual era predicar el evangelio a los gentiles, y que él no era desobediente a esa visión. Pablo reiteró esta visión a Timoteo: *Y para esto yo fui constituido predicador y apóstol (digo la verdad en Cristo, no miento) como maestro de los gentiles en fe y verdad* (1 Timoteo 2:7).

Pablo sabía cuál era su propósito en la vida, y esto era lo que lo mantenía avanzando en medio de todas sus luchas. Cuando tu visión viene de Dios, nada puede detenerte. No importa si la gente habla acerca de ti. La visión es la fuente de la pasión.

LA PASIÓN POR LA VISIÓN VENCE TODA RESISTENCIA

Si vas a llegar a ser aquello que ves en tu mente, si vas a ir en pos de aquello que está en tu corazón, créeme, no va a existir resistencia suficiente. La única manera de vencer esa resistencia es teniendo pasión por tu visión. Cuando estás verdaderamente apasionado acerca de tu sueño o visión, puedes mantenerte bien firme cuando vienen las tribulaciones. *La persistencia te va a mantener moviéndote hacia adelante, pero necesitas pasión para alimentar tu persistencia.*

La pasión es un deseo que es mucho más fuerte que la muerte. Si puedes dejar de hacer lo que estás haciendo y seguir sintiéndote contento, entonces no te apasiona. Si puedes desanimarte cuando alguien te dice que no o cuando el banco te rehusa dar dinero, tú no tienes pasión. La pasión encara cada problema.

Una persona apasionada se levanta por la mañana y dice: "¡Buenos días, Señor! ¡Aquí estoy! Gracias por otro día que me va a llevar un paso más cerca de donde quiero ir". La pasión significa que, no importa qué tan difíciles sean las cosas, lo que yo creo es mucho más grande de lo que veo. Es una urgencia que está mucho más profunda que cualquier resistencia que pueda encontrar. Es un objetivo a ganar que es mucho más grande que el deseo de detenerse y rendirse.

La gente se detiene demasiado pronto. No llegan a ganar porque se rinden cuando caen la primera vez. ¿Acaso tú también te rindes ante la más mínima resistencia? Recuerda que la pasión dice: "Te puedes rendir, porque no me voy a detener. Si tú me tiras, yo me voy a levantar. Si tú tiras otra vez, me voy a levantar otra vez. Voy a seguir levantándome hasta que te canses de tirarme". ¡Levántate y sigue adelante! No hay vida si no hay pasión. En Romanos, 1:14 Pablo dijo "Tengo obligación" de hacer toda la obra que Dios me dijo que hiciera. Él solo tenía que hacerlo. Era la voluntad de Dios para su vida y estaba "ansioso… de anunciar el evangelio" (v. 15). No podía esperar para hacerlo. Una persona de pasión siempre va a estar ansiosa por realizar su visión.

LA PASIÓN ESTÁ DISPUESTA A PAGAR EL PRECIO

Algunas veces, otros van a venir y a ser parte de lo que estás haciendo, y entonces dirán: "Esta visión no es real", porque ellos no saben lo que la visión te está costando. ¿Puedes recordar a Juan Marcos, el joven que se unió a Pablo y a Bernabé en un viaje misionero? Juan Marcos era un hombre joven muy entusiasmado y muy celoso. Él trabajó con Pablo y con Bernabé hasta cierto punto, hasta que decidió dejarlos y regresar a Jerusalén. Más tarde, cuando Juan Marcos quería acompañarlos en otro viaje, Pablo dijo que no, porque él sentía que Juan Marcos había desertado de ellos y del trabajo. De hecho, le estaba diciendo algo como: "Juan Marcos, nos estás diciendo que estás con nosotros en esta visión, pero no puedes aguantar la presión, los tiempos difíciles, los rigores del trabajo. Yo quiero gente que pueda venir conmigo aun a través del fuego, y que pueda decir: 'Lo hicimos juntos'" (ver Hechos 12:25–13:13; 15:36-40).

Bernabé terminó yendo con Juan Marcos en un viaje separado, y Pablo le pidió a Silas que fuera con él. En Filipos, Pablo y Silas fueron golpeados y puestos en prisión cuando algunos hombres incitaron a la multitud en contra de ellos. Silas les pudo haber dicho a los magistrados que él no conocía a Pablo. Tal vez él pudo haber tenido un escape de complicidad tal y como lo hizo Pedro acerca de Jesús, diciendo: "¡Yo no conozco al hombre!" (Mateo 26:72, 74). Pero Silas estaba entregado a la visión. Si Pablo iba a la cárcel, él también iba a la cárcel. Quiero decirte que la prisión donde fueron arrojados no era prisión común y corriente. Mathew Henry describe este "calabozo interior" (Hechos 16:24) como un "calabozo donde nadie era arrojado normalmente, excepto los malhechores condenados, completamente obscuro al medio día, mojado y frío, sucio, tal y como parece, y en todas formas muy ofensivo".[4] ¡Pero este fue el lugar donde Pablo y Silas cantaron himnos! (ver Hechos 16:16-25). La pasión siempre está dispuesta a pagar el precio.

LA PASIÓN TE MANTIENE ENFOCADO

Otro aspecto de la pasión es que te ayuda a mantenerte enfocado en tu visión. Puedes ver este principio funcionando en las iglesias. En un lugar donde no existe visión, con frecuencia hay pleitos, chismes, murmuraciones, calumnias y quejas. Cuando las iglesias están llenas de quejas, esta es evidencia de que la visión se ha apartado de ellas. La visión preocupa a la gente hasta el punto que ellos no tienen tiempo para chismes o para enojos en contra del pastor, ni para quejas en contra de sus predicaciones. El mismo fenómeno se puede ver en los matrimonios. Una de las razones de por qué existen tantos problemas en los matrimonios hoy en día, es el hecho de que las parejas han perdido su visión conjunta. Necesitamos redescubrir la pasión de trabajar juntos por un propósito en común y por una misma visión.

DESAFIAR LAS PROBABILIDADES

Si te vuelves apasionado con relación a tu visión, puedes desafiar las probabilidades y perseverar hasta el cumplimiento de tus objetivos. Captura tu visión y mantente en ella, y vas a ser recompensado por medio de ver que esa visión se convierte en realidad sin importar todo lo que intente venir en contra de ella.

---

4. *Matthew Henry's Commentary on the Whole Bible*, vol. 6 (Peabody, MA: Hendrickson Publishers, Inc., 1991), 170.

PASOS PARA REALIZAR LA VISIÓN

Pregúntate a ti mismo: "¿Qué tan hambriento estoy de mi visión? ¿Qué tanto quiero aquello que estoy buscando?".

¿Qué evidencia o qué prueba de pasión por tu visión puedes ver en tu vida?

¿Te rindes por lo regular desde la primera vez que caes? ¿En qué maneras te has conformado acerca de tu visión? ¿Qué vas a hacer para volver a recuperar la pasión por tus sueños y visiones?

8

PRINCIPIO #5: DESARROLLA LA FE PARA TU VISIÓN

La vista es una función de los ojos, mientras que la visión
es una función del corazón.

El quinto principio es que debes desarrollar la fe en la visión. La vista es una función de los ojos, mientras que la visión es una función del corazón.

El don más grande que Dios ha dado a la humanidad no es el don de la vista, sino el don de la visión. Tal vez has podido escuchar acerca de una gran autora y comerciante llamada Helen Keller, quien se convirtió en una persona ciega, sorda y muda como resultado de una enfermedad cuando ella solo tenía dieciocho meses de edad. Ella era una mujer poderosa y admirable que impactó a toda su generación, y aun nos influencía hasta el día de hoy. Cuando ya era de edad avanzada, fue entrevistada por un comentarista de noticias acerca de su vida. Parte de su conversación fue de la siguiente manera (comunicando sus respuestas a través de su lenguaje en Braile, él preguntó): "Señorita Keller, ¿existe alguna cosa peor que ser ciega?". Ella pausó por un momento, y en su manera única de hablar, dijo: "Lo que es peor que ser ciego es tener vista sin visión".

¡Qué mujer más perceptiva! Esta mujer, que no podía ver físicamente, tenía más visión y más logros que la mayoría de aquellos en su generación que sí podían ver. Sus libros todavía se leen hoy en día, y su poesía es maravillosa. Helen Keller no pasó todos sus años estando enojada y echándole la culpa a Dios por su ceguera y por su sordera. No, ella era capaz de vivir una vida completa porque tenía visión en su corazón. Como dice el dicho: "Los ojos son comunes, pero los ojos que sí ven son muy raros".

LA VISIÓN VE LAS COSAS COMO PODRÍAN SER

Estoy convencido de que la mayoría de la gente tiene vista, pero no tiene visión. La vista física es la habilidad para ver las cosas tal y como son. La visión es la capacidad para ver las cosas como podrían ser, y esto requiere fe.

La Biblia dice que como la persona piensa en su corazón, así es (ver Proverbios 23:7). Nunca debemos permitir que lo que nuestros ojos ven determine lo que nuestro corazón llegue a creer. *Porque por fe andamos, no por vista* (2 Corintios 5:7). En otras palabras, debemos caminar de acuerdo con lo que está en nuestro corazón. Debemos permitir que lo que esté en nuestro corazón dicte la forma de cómo vemos la vida.

Dios le dijo a Abraham algo que solo podía ser visto, creído y realizado a través de los ojos de la visión: Dios le dijo que dentro de él había toda una nación. Él y Sara ya eran muy ancianos, y Sara había sido estéril a través de todo su matrimonio. Sin embargo, Dios dijo: "Yo veo una nación en ti. Todos los demás están viendo tu esterilidad, pero yo veo una nación de descendientes tan numerosa como las estrellas del cielo y como la arena de la playa" (ver Génesis 11:29-30; 12:1-3; 17:1-19).

Cuando tenemos visión, somos gobernados por la fe que Dios puso en nuestro corazón. En Hebreos 11:1 leemos: *Ahora bien, la fe es la certeza de lo que se espera, la convicción de lo que no se ve.* Por lo tanto, definiría la fe como la visión en el corazón. *La fe es poder ver el futuro, estando en el presente.* Cuando tienes fe, puedes ver las cosas que esperas tener y realizar.

VER POR FE

Si estás operando por vista, ves los problemas y los retos que están alrededor de ti. Ves todas las facturas que tienes que pagar; ves que tu compañía o negocio se está reduciendo; ves cosas que ponen en peligro tu seguridad. La vista sin visión es muy peligrosa porque no tiene esperanza. Mucha gente ha estado viviendo por la vista solamente, y esa es la razón por la que tienen todo tipo de problemas médicos (tensión muscular, migrañas, alta presión arterial, enfermedades del corazón, úlceras, tumores y muchas cosas más). Vivir por vista te puede llegar a matar. La vida está tan llena de tantas cosas tan deprimentes que necesitamos aprender a vivir por la visión para poder ver con los ojos de la fe.

Recuerda que la vista es la habilidad para poder ver las cosas tal y como son, y que la visión es la habilidad para poder ver las cosas como podrían llegar a ser. Me gusta ir un paso más adelante y definir la visión de esta manera: *la visión es la habilidad para ver las cosas como estas deberían ser.*

Tal vez estás pasando por un momento muy difícil ahora mismo y te sientes desanimado. Has perdido la ventaja y la agudeza de tu visión. Algunas veces, el medio ambiente en donde vivimos no es el mejor medio para albergar la visión. Lo que la gente nos dice no siempre es alentador, y puede llegar a ser muy *desalentador*. He sido tentado para sentirme desilusionado y desanimado muchas veces. Aun cuando sabemos que las cosas desalentadoras que escuchamos o que vemos son temporales, estas pueden causar mucho desánimo y llegar a deprimirnos. Debemos mantener nuestras visiones continuamente delante de nosotros, porque *las visiones de nuestro corazón son mucho más grandes que el medio ambiente que nos rodea*. Dios nos dio la visión para que no tengamos que vivir por medio de lo que vemos.

Nuestros espíritus fueron diseñados para operar en la misma forma como opera Dios. En Génesis 1:26 Dios dice: *Hagamos al hombre a nuestra imagen, conforme a nuestra semejanza*. La palabra "imagen" se refiere al carácter moral y espiritual, mientras que la frase "a nuestra semejanza" significa "funcionar tal como". En otras palabras, fuimos creados para vivir de acuerdo con la naturaleza de Dios y para funcionar tal y como Él funciona en el mundo.

La Biblia es muy clara cuando dice que *"sin fe es imposible agradar a Dios"* (Hebreos 11:6). Si tratas de funcionar en cualquier otra forma que no es la de la fe, vas a funcionar mal. Por esto es que la preocupación no es de Dios y el temor hará que tu visión haga un cortocircuito. Fuiste hecho para no tener miedo jamás.

Jesús estaba lleno de fe y Él fue la persona más calmada sobre la tierra. Podía dormir tranquilamente en medio de una tormenta. Cuando sus discípulos, todos temerosos, lo despertaron,

Él les preguntó: *¿Cómo no tenéis fe?* (Marcos 4:40). Él les estaba diciendo: "Si tienes fe, vas a ser capaz de dormir aun en medio de una tormenta también". Tal vez digas: "Esto no suena muy práctico". Sin embargo, lo es. He estado viviendo por fe en lugar de vivir en temor por más de veinte años, y ha sido muy divertido. No me tengo que preocupar mucho por ninguna cosa porque creo que, al final de cuentas, todo está de mi lado. Aun los engaños del diablo obran a mi favor. Todas las cosas obran para mi bien porque he sido llamado de acuerdo al propósito de Dios (ver Romanos 8:28).

EL PODER CREATIVO DE LA FE

¿Cómo es que funciona la fe? Para poder entender esta pregunta, necesitamos examinar más de cerca la forma en cómo Dios funciona. En Jeremías 1:12, Dios declaró: *Yo velo sobre mi palabra para cumplirla.* Este versículo, junto con muchos otros a través de toda la Biblia, demuestra que Dios siempre va a hacer que sus palabras se conviertan en una realidad. ¿Qué es lo que Dios usó para crear el universo? Él usó palabras. A través de todo el relato de la creación, podemos leer "Y dijo Dios" (Génesis 1:3, 6, 9, 11, 14, 20, 24, 26). Dios tenía una idea del universo, y entonces Él lo vio o lo visualizó. Finalmente, Él *habló* para que su idea se convirtiera en realidad y comenzara a existir. El resultado fue que todo lo que Dios vio en su mente para la tierra y para el resto del universo se volvió una realidad visible en el mundo físico. Dios creó todo lo que existe por medio de declarar que sus pensamientos llegaran a existir.

Nada en la tierra es más importante que un pensamiento. *Los pensamientos son más importantes que las palabras porque las palabras son producidas por los pensamientos.* Pero mientras que los pensamientos son las cosas más *importantes* en la tierra, las palabras son la cosa más *poderosa.* Es crucial poder entender este punto porque, mientras que los pensamientos diseñan un futuro, las palabras crean ese futuro. Nada sucede hasta que empiezas a hablar de ello. Puedes pensar acerca de algo por veinte años, pero eso no va a hacer que suceda. El poder creativo no está en los pensamientos solamente. Está en las palabras (y en las acciones) que vienen de ellos. Sea que esas palabras hayan sido habladas o escritas, están llenas de poder creativo.

Por lo tanto, cuando hablas palabras que están expresando lo que ves en tu visión, tus palabras se convierten en poder creativo que ayudará a que esa visión llegue a fructificar. Sin embargo, también existe un aspecto negativo de esta verdad. Puedes menospreciar tu visión por medio de lo que dices continuamente acerca de ti mismo, tal como "Estoy muy gordo", "Soy muy lento", "No soy inteligente", "Soy una persona tímida", "No me gusta la gente", "Soy un fracaso" o "Siempre voy a pagar esta hipoteca". Yo soy. Yo soy. Yo soy. Y te vas a convertir en todo aquello que constantemente declaras acerca de ti mismo. Ese es el poder de las palabras.

Para complicar más este problema, está el hecho de que el diablo conoce a Dios y conoce muy bien los caminos de Dios. Satanás sabe que la clave para crear todo es tener una visión muy clara de ello y declararla para que llegue a existir. Él quiere que tú hables cosas negativas en lugar de hablar cosas positivas para que tu efectividad para el reino de Dios sea nulificada. Podemos ayudar a proteger nuestras visiones por medio de cuidar lo que decimos.

Si quieres realizar tu visión, debes hablar en forma muy diferente a como lo has estado haciendo. En lugar de estar diciendo: "Siempre voy a tener esta hipoteca", debes decir: "Voy a ser libre de toda deuda". ¿Eres capaz de decir esto? Tal vez te has estado imaginando que no debes ninguna factura, pero tienes que comenzar a declararlo también. Debes decir: *Mi Dios proveerá [todas mis necesidades], conforme a sus riquezas en gloria en Cristo Jesús* (Filipenses 4:19), y debes orar: "Señor, cumple tu Palabra, por favor". Tienes que hablar. Una visión no tiene ningún poder hasta en tanto la declaras.

LA FE VE LOS PROBLEMAS COMO OPORTUNIDADES

La vida es de la manera como tú la ves. Cuando comienzas a ver con los ojos de la fe, vas a entender cómo convertir tu visión en una realidad. Déjame darte una ilustración de esta verdad. Hace algunos años, un pastor me dijo: "Dr. Munroe, soy de Vermont y no existe nada allá. No hay nada excepto árboles de maple, vacas y nieve. Nada sucede en el pueblo de dónde yo vengo, y quiero hacer algo para Dios. Me voy a cambiar hacia el sur, voy a construir una bonita iglesia, y voy a hacer una obra para Dios". Yo lo escuché durante un tiempo, y entonces dije: "Piensa acerca de esto. Si no hay ninguna otra iglesia adónde ir en tu pueblo, tú tienes una gran oportunidad para construir la iglesia más dinámica de Vermont". Él me miró, y dijo: "¡Síííí!". En la actualidad, este pastor tiene la iglesia más grande de su pueblo. No debemos tener solo vista, sino también visión.

Puedes ver cada problema como una oportunidad para el ministerio, para servir a otros, o para negocio. Así es realmente como Bahamas Faith Ministries International comenzó. El problema número uno de la gente de las naciones en desarrollo es la ignorancia. Dios levantó BFMI para que fuera una de las soluciones para ese problema: dar conocimientos, entrenamiento e información al Tercer Mundo. La organización nació para ayudar a resolver un problema que afecta a 3.8 billones de personas. Creo con todo mi corazón que las Bahamas va a ser conocido como un centro de educación y de entrenamiento, y no solamente por su sol y su arena. Van a haber universidades de todo tipo, escuelas de entrenamiento y oportunidades para crecer intelectualmente. Esta es la visión que Dios ha puesto en mi corazón.

EL PENSAR EN GRANDE PRECEDE A LOS GRANDES LOGROS

Los hombres y mujeres exitosos que han impresionado e impactado a sus generaciones no "tuvieron suerte" solamente. Ellos no solo tropezaron con la grandeza, sino que pensaron en cosas grandes y esperaron cosas grandes, y la grandeza les salió al encuentro. El pensar en grande precede a los grandes logros. Tú no necesitas ser muy grande para pensar grandes pensamientos. Necesitas pensar grandes pensamientos para llegar a ser grande. Esa es la fe de la visión.

Debes darte cuenta de que las ideas controlan al mundo. Las ideas son tan poderosas que muchas naciones son gobernadas por pensamientos de hombres que murieron hace mucho tiempo. Cuando fui a la universidad, la mayoría de los libros que leí fueron escritos por gente que ya no vivía. Gasté miles de dólares estudiando sus ideas. Una visión es una idea que es tan poderosa que puede vivir más allá de la tumba. Tu propia visión debe seguir viviendo después de ti. Para que esto suceda, sin embargo, no puedes mantener tus ideas solo dentro de ti mismo. Debes concebirlas claramente y expresarlas.

Nunca voy a olvidar el día que estaba luchando con la posibilidad de escribir libros. Le dije a Dios que no quería escribir porque ya habían tantos otros que estaban haciéndolo, y no quería hacerlo solo porque todos los demás ya lo hacían. Yo quería que mi enseñanza fuera real y genuina. Por meses luché con este asunto debido a que los editores me habían estado llamando para decirme que habían escuchado las cintas de mis enseñanzas y visto mi programa de televisión. Decían: "Tienes muchas ideas que necesitan ser compartidas con millones de personas. ¿Por qué no escribes un libro?". Al principio les dije: "No quiero escribir un libro. Estoy feliz con el solo hecho de enseñar". Sin embargo, una noche, cuando estaba preparando mis notas para una enseñanza, sentí que el Señor me estaba diciendo: "Si tú no escribes, todo lo que sabes va a morir contigo. Si escribes las ideas que yo te he dado, tus palabras van a vivir aun después de que te hayas ido".

¿TIENES VISTA O TIENES VISIÓN?

Tu éxito o tu fracaso es determinado por la forma en como ves las cosas. Continuamente, Jesús tuvo que tratar con la vista de los discípulos debido a que su vista los metía en problemas con mucha frecuencia. Jesús quería que ellos se movieran de la vista a la visión, y por eso Él les enseñó acerca de la fe por medio de ilustraciones de la vida, tales como el árbol de la higuera, el hecho de alimentar a los cinco mil o resucitando a Lázaro (ver Mateo 21:19-22; Marcos 6:34-44; Juan 11:1-44).

La fe de la visión es crucial, porque la manera en como ves las cosas determinará la forma en como piensas y actúas, por lo tanto, también determinará si tu visión se convierte en realidad o no. En Proverbios 23:7 dice: *Pues como piensa dentro de sí, así es.* ¿Tienes vista o tienes visión?

PASOS PARA REALIZAR LA VISIÓN

Cuál es tu respuesta a la pregunta que concluyó este capítulo: ¿tienes vista o tienes visión?

Con relación a tu visión, ¿estás pensando y hablando en términos positivos o lo estás haciendo en términos negativos?

Escoge un aspecto de tu visión y practica hablar palabras de fe con relación a ello.

9

PRINCIPIO #6:
DEBES ENTENDER EL PROCESO DE LA VISIÓN

La mente del hombre planea su camino,
pero el Señor dirige sus pasos.
—Proverbios 16:9

El sexto principio es que debemos entender el proceso de la visión. Dios tiene un plan para nuestra vida, pero Él hace que ese plan llegue a existir en una manera gradual. Estoy aprendiendo que Dios nos dice hacia dónde vamos a ir con nuestras visiones, pero en muy raras veces Él nos dice exactamente cómo es que nos va a llevar allá. Nos da propósito, pero no explica el proceso completo.

En Proverbios 16:9 dice: *La mente del hombre planea su camino, pero el Señor dirige sus pasos.* Debes notar la palabra "pasos". Dios no dijo que Él iba a dirigir nuestros brincos, sino nuestros pasos. No existe prisa alguna para llegar a la visión de Dios. Él nos guía paso a paso, día tras día, a través de tribulaciones, de pruebas y de oportunidades que edifican el carácter, a medida que Él nos mueve hacia nuestros sueños o visiones. ¿Por qué Dios nos dirige de esta manera? Porque Él no solo quiere que ganemos; quiere que ganemos con estilo. El deseo de Dios es formar gente con carácter y con cicatrices de batalla que puedan decir: "Dios no solo me dio esta visión. Yo he calificado para ella".

LA RUTA NOS PREPARA PARA EL DESTINO

Algunas veces nos volvemos impacientes con el proceso de Dios debido a que podemos ver nuestros destinos y queremos llegar ahí de inmediato. Sin embargo, Dios dice: "No, yo tengo una ruta que te va a llevar ahí". Y aunque esta ruta parezca ser más larga, no fue diseñada para impedirnos llegar a nuestro destino; fue diseñada para prepararnos para nuestro destino.

En el momento que recibimos nuestras visiones, no estamos todavía preparados para ellas. No tenemos la habilidad para manejar las cosas tan grandes que estamos soñando. No tenemos la experiencia ni el carácter. Dios podría realizar rápidamente todo lo que Él desea hacer a través de nosotros, pero quiere prepararnos para recibir y trabajar en nuestras visiones.

Debes aprender a ser entrenado para aquello que Dios te dijo que está en camino. No necesitas preocuparte acerca de si va a suceder o no. Si Él te ha prometido que viene en camino, así es. Debes mantenerte en curso si estás tratando de seguir la obra que Dios te ha llamado a hacer. Mantente en el asiento donde Dios te ha colocado, ponte tu cinturón de seguridad y agárrate de ahí hasta que Él haga que la visión se realice. Va a suceder; pero debes esperar en Él.

Nosotros cuestionamos a Dios: "¿Por qué necesito ir por este camino? No me gusta esta ruta". Dios responde que la ruta va a hacer dos cosas para nosotros: desarrollar nuestro carácter, y producir responsabilidad en nosotros.

No nacimos con ninguna de estas dos cosas, así que tenemos que aprenderlas. Más aun, si Dios nos fuera a mostrar la ruta por donde vamos a ir, tal vez le diríamos: "Está bien, Dios. Tú puedes quedarte con tu visión. Yo me voy a quedar donde estoy".

Veamos la vida de José como un ejemplo. Cuando él solo tenía diecisiete años de edad, tuvo un sueño de Dios, donde su padre, su madre y sus hermanos se arrodillaban delante de él (ver Génesis 37:9-10). José pensó para sí mismo: "¡Sí! Me gusta este sueño". Se vio a sí mismo en un trono con todo un reino a sus pies. En su mente, él era el rey José. Dios le había dado una visión, pero Dios no le había dicho cómo es que iba a llegar hasta ahí. Supongamos que Dios dijo: "José, te vas a convertir en un gran gobernador y aquí está lo que yo he planeado para llevarte hasta ese lugar. En primer lugar, tus hermanos van a hacer pedazos tu vestido favorito y te lo van a desgarrar en tus propias espaldas. En segundo lugar, te van a arrojar en un pozo. En tercer lugar, te van a vender como si fueras un esclavo. En cuarto lugar, la esposa de tu amo va a decir mentiras acerca de ti, acusándote de haberla violado. En quinto lugar, tu amo te va a arrojar en la cárcel, donde vas a ser olvidado por un largo tiempo. Sin embargo, eventualmente, vas a llegar al lugar que te he dicho". Si Dios le hubiera dicho esto a José, él probablemente hubiera contestado: "Déjame decirte una cosa. Yo me voy a quedar como estoy y voy a seguir siendo solo un pastor. Estoy muy contento con lo que tengo en este momento".

Algunas personas se encuentran en medio del proceso de la visión y se preguntan: "¿Dónde está la visión que Dios me ha prometido? ¿Dónde están todos esos grandes sueños que Él me mostró hace cinco años? El negocio donde estaba trabajando se cerró. Perdí mi trabajo y perdí mi casa. Esto no se parece en nada a la visión que Dios me mostró". Y estás comenzando a preguntarte incluso si existe un Dios en los cielos. José se sintió de la misma manera mientras atravesaba todas sus tribulaciones. Él se vio a sí mismo, sentándose en un pozo, siendo que solo unos días antes, él se había visto a sí mismo sentado en un trono. Probablemente pensaba: "¿Dónde está el Dios que me mostró ese sueño?". Y creo que la respuesta de Dios para José fue algo como: "Estoy contigo en este pozo, y estoy trabajando en tu carácter, porque tú no puedes gobernar bien si yo no hago esto".

¿Te puedes imaginar lo que hubiera sucedido si José nunca hubiera aprendido a controlarse a través de todas estas tribulaciones? Cuando la esposa de Potifar trató de seducirlo, él pudo haber caído en la tentación. En lugar de esto, debido a que él tenía que aprender la disciplina y la dependencia en Dios, podía ser confiable aun en dicha situación. Las maneras de Dios para llevarnos adonde necesitamos llegar frecuentemente son muy diferentes de lo que esperamos, pero siempre existe una buena razón para que esto sea así.

¿Realmente crees que Dios lo ve todo y lo sabe todo? Si es así, entonces tienes que confiar que tus tribulaciones son parte del plan perfecto de Dios para ti. Si perdiste tu trabajo esta mañana, tu primera pregunta puede ser: "¿Cómo voy a pagar la hipoteca?". Pero Dios te va a decir: "¿Crees que yo te conozco?". Si tu respuesta es, "Sí, Señor", Dios te va a decir: "Bien. Todo esto es parte del plan. Estoy obrando en tu carácter. Déjame ocuparme de tu hipoteca".

Veamos otro ejemplo. Qué tal si Dios le hubiera dicho a Moisés, cuando era uno de los hombres más poderosos de Egipto como el hijo adoptivo de la hija del Faraón: "Yo te he levantado para que seas un libertador y para que saques a mi pueblo de Egipto hacia la tierra prometida, pero esta es la manera como va a suceder: en tu celo por proteger a mi pueblo, vas a matar con crudeza a un egipcio, y vas a tener que huir al desierto y convertirte en un pastor. Entonces, te vas a convertir en el líder de los israelitas, y ellos se van a enfurecer contra ti. Ellos van a murmurar y a quejarse. Se van a amotinar en contra de ti. A propósito, debido a tu reacción hacia ellos, me desobedecerás, y tú nunca vas a poder entrar a la tierra prometida". Pienso que Moisés hubiera dicho: "Señor, te puedes quedar con tu pueblo y con el Faraón. Creo que yo prefiero pasarle a otro esta visión".

Llegamos a pensar esto debido a que atravesamos por tiempos difíciles y pensamos que Dios ha dejado de cumplir y de realizar nuestros propósitos. Pero estos todavía están en camino. *Dios está obrando en nosotros, preparándonos para nuestros propósitos a través de este proceso.* Sin embargo, con frecuencia nos hacemos hacia atrás y decimos: "¿Por qué esto está tardando tanto? ¿Por qué tengo que pasar por todo esto?". Esta actitud de queja y de falta de fe es exactamente lo que Dios está tratando de obrar y de sacar fuera de ti. Él no quiere que llegues a tu tierra prometida arrastrando todas estas malas actitudes detrás de ti. Dios está obrando para tu bien.

¿Qué me dices acerca de Jesús? Cuando el hijo de Dios nació, hombres muy sabios vinieron a visitarlo. Ellos se postraron delante de Él, llamándolo Rey. ¡Pero qué clase de proceso tuvo que pasar para que llegara a ese trono! En el jardín de Getsemaní, Jesús comenzó a sentir la carga y de hecho oró: "¿Acaso no existe otra manera?" (ver Mateo 26:36-44). Él sintió lo que tú estás sintiendo. Puedes decir: "¿Acaso no existe otra manera de comenzar un negocio?". Y Dios te va a contestar: "No. Esta es la manera como yo te estoy llevando. ¿Querías tener una tienda de zapatos? Bien. Yo quiero que empieces por trabajar en una". O puedes estar preguntándote: "¿Qué no existe una mejor forma para poder abrir mi propio restaurante?". Y Dios te va a decir: "Vas a tener tu restaurante; pero primero tienes que aprender a cocinar para otra persona. Esta es tu ruta. Estoy obrando en tu carácter y en tu entrenamiento". Algunas veces queremos la visión sin estar calificados para ella.

Tal vez no enfrentes una situación de vida o muerte, como algunas de las personas de Dios han enfrentado, pero sí vas a tener retos y dificultades en un grado o en otro a medida que te mueves hacia el cumplimiento y realización de tu visión. Por esto es que quiero que seas consciente del proceso de la visión y que estés preparado para ello. No quiero que te rindas o abandones tu visión prematuramente. *Dios va a cumplir continuamente un poco más de tu sueño o visión hasta que esta se realice por completo.* va a culminar en el tiempo de Dios. Esta es la voluntad de Dios para ti. En Lamentaciones 3:26 dice: *Bueno es esperar en silencio la salvación del Señor.*

Escribí anteriormente que las mañanas de los días lunes son muy deprimentes para muchas personas debido a que odian sus trabajos. Pero tales trabajos pueden estar sirviendo como un propósito dentro del plan de Dios. Él nos coloca en trabajos que nos van a preparar para la obra de nuestra vida. Debes recordar que un trabajo es una "pre-ocupación" en el camino hacia la verdadera ocupación.

Si estás frustrado con tu trabajo, necesitas quedarte ahí a menos que Dios te dirija de otra manera y te des cuenta que esta no va a ser tu posición permanente. Estoy muy contento por cada uno de los trabajos que he tenido, porque cada uno de ellos me ha preparado para lo que estoy haciendo actualmente. Lo que estoy haciendo ahora es tan vigorizante que lo podría hacer por el resto de mi vida. Por lo tanto, sométete a tu trabajo, aprende lo que debas aprender y obtén todo el conocimiento que puedas de ello, porque dentro de poco, te vas a mover hacia adelante.

El propósito le da significado a tu trabajo. El hecho de estar en un pozo y en una cárcel no detuvo a José, debido a que él se miraba a sí mismo como un gobernante y sabía que un día se iba a realizar su visión. El propósito de Dios en tu corazón es lo que te permite seguir moviéndote hacia adelante.

LA VISIÓN SE VA A CUMPLIR Y NO TE VA A DEFRAUDAR

El profeta Habacuc le preguntó a Dios: *¿Hasta cuándo, oh Señor, pediré ayuda, y no escucharás, clamaré a ti: ¡Violencia! y no salvarás?* (Habacuc 1:2). El profeta se estaba refiriendo a todos los problemas y dificultades que estaban sucediendo en su nación. Había desorden, corrupción y asesinatos. La respuesta del Señor para él fue esta: *Entonces el Señor me respondió, y dijo: Escribe la visión y grábala en tablas, para que corra el que la lea. Porque es aún visión para el tiempo señalado; se apresura hacia el fin y no defraudará. Aunque tarde, espérala; porque ciertamente vendrá, no* *tardará. He aquí el orgulloso: en él, su alma no es recta, mas el justo por su fe vivirá* (Habacuc 2:2-4).

La visión que has recibido está esperando un tiempo señalado. Habla con relación al final y no es el final de la vida, ni el final de las edades, sino el final o el cumplimiento de tu sueño o visión. "Se apresura hacia el fin y no defraudará". En otras palabras, Dios está diciendo: "Si yo te di una visión, no te preocupes si todo parece como si nada estuviera sucediendo. *Va a realizarse*". Mientras tanto, se nos ha dicho que "el justo vivirá por la fe".

Aquí es donde entra el hecho de que caminamos por fe y no por vista. Debes creer en aquello que Dios te ha dicho, porque todo esto no va a suceder de la noche a la mañana. Va a suceder a través de un proceso de desarrollo de carácter, lo cual va a venir a medida que vives por fe y por la visión interior, y no por lo que tú ves.

PASOS PARA REALIZAR LA VISIÓN

¿Cómo es que Dios ha usado experiencias en tu vida para formar carácter en ti?

¿Qué cualidades de tu carácter te ha mostrado Dios donde necesitas trabajar en ellas?

Haz una lista de las formas en que tu trabajo te está preparando para la obra de tu vida, tales como habilidades, conocimiento y experiencia.

10

PRINCIPIO #7:
ESTABLECE LAS PRIORIDADES DE LA VISIÓN

Tu vida es la suma total de las decisiones
que haces cada día.

El principio número siete es que, si quieres ser exitoso, primero debes establecer prioridades para ti mismo con relación a tu visión.

NUESTRAS DECISIONES ESTÁN BASADAS EN NUESTRAS PRIORIDADES

Poder entender las prioridades te va a ayudar a realizar tu sueño o visión, porque *la prioridad es la clave para una toma de decisiones efectiva.* Tanto la gente exitosa como la no exitosa tienen que hacer decisiones cada día, las cuales influencian sus probabilidades de realizar sus visiones. Ya sea que se den cuenta o que no, es la naturaleza y la calidad de las decisiones que hacen lo que determina su éxito o su fracaso.

La vida está llena de alternativas; constantemente estamos siendo bombardeados con decisiones, y nuestras preferencias revelan quiénes somos y qué tipo de valores tenemos en la vida. De hecho, tu vida es la suma total de las decisiones que haces cada día. Lo que es aun más importante, es que puedes determinar el tipo de vida que vas a tener en el futuro por medio de las decisiones que estás haciendo el día de hoy. En este sentido, el futuro realmente es ahora. Esta es la razón por la que las palabras *sí* y *no* son las más poderosas que puedes decir. Dios quiere que seas capaz de decirlas con precisión, porque van a determinar tu destino. Vas a ser bendecido cuando digas sí a todo aquello que va de acuerdo con tu visión, y cuando digas no a todo lo demás.

LA VISIÓN ENFOCA TUS PRIORIDADES

Si quieres llegar a realizar tu sueño, debes fijar tus ojos en ello y no distraerte con ninguna otra cosa que no te lleve en la misma dirección. Tienes que saber cómo maniobrar entre las alternativas de la vida, lo que significa que tienes que aprender cómo poner tus prioridades en orden. *Cuando las personas no llegan a tener éxito en su visión, con frecuencia se debe a que no entienden que establecer prioridades crea límites muy útiles en sus decisiones.*

Debes preguntarte a ti mismo: "¿Qué es lo que me beneficia? ¿Qué es lo que me va a llevar hacia mi objetivo?".

Obviamente, la primera cosa que deberías considerar como benéfica es tu relación con Dios. Si quieres saber dónde estás puesto para dirigirte en la vida, tienes que establecer una conexión con la Persona que te dio la tarea y que fue quien te creó. Por esto no es de maravillarse que la Biblia diga que el más grande mandamiento es amar primeramente a Dios con todo tu corazón, con toda tu mente, con toda tu alma (tu voluntad) y con todas tus fuerzas (ver Marcos 12:30). Cuando haces esto, Dios te revelará la tarea para la que naciste. Una vez que estás seguro hacia dónde debes de ir en la vida y que te has entregado y dedicado verdaderamente a ello, muchísimas cosas van a caer por su propio peso.

Después de que capturas tu visión, necesitas poner las prioridades de tu vida en orden para que estén acordes con esa visión. Tienes que decidir cuántas de las cosas que estás haciendo actualmente benefician tu sueño o visión. Puede haber algunas buenas personas en tu vida que te están distrayendo de ir hacia donde quieres ir. Puede haber algunos libros buenos en tu casa que apartan tu enfoque de tu objetivo. Debes llegar al punto donde solo te enfoques en aquello que es necesario para realizar tu sueño. Si no haces esto, nunca vas a llegar al final de tu visión.

La clave es que *la visión en sí misma* decide lo que es bueno para ti. Tú no solo haces cosas buenas; tienes que hacer cosas que sean buenas para tu visión.

La mayoría de nosotros sabemos la diferencia entre lo bueno y lo malo. Por lo tanto, tu más grande reto no consiste en escoger entre lo bueno y lo malo, sino en escoger entre *lo bueno y lo mejor*. La visión te protege de ser engañado y desviado por otras buenas alternativas. Te permite decir no a oportunidades que son inferiores, aun si existen ciertos beneficios en ellas.

MANTÉN TUS OJOS EN EL OBJETIVO

Cuando alguien pone sus ojos en un objetivo y nunca los aparta de ese objeto, está garantizando alcanzar ese objetivo. Cuando estaba en Israel, el grupo con el que estaba viajando pasó toda una tarde visitando un *kibutz*. Un kibutz es una comunidad que es autosuficiente. Todo lo que la gente necesita para vivir se encuentra justo ahí, en la granja. A medida que caminaba en los terrenos de la granja, pude ver los campos hermosos donde cultivaban su propia comida; pude notar que sus tractores y cosechadores eran muy modernos. También pude ver un campo pequeño en un valle no muy lejos de este kibutz donde había un hombre trabajando en ese campo que solo tenía un buey halando un arado. Estaba yo intrigado con esta vista y le pregunté a algunos de los hombres en el kibutz: "¿Qué es lo que ese hombre está haciendo?". Me respondieron: "Bueno, él está preparando el campo para plantar las semillas. De hecho, está plantando las semillas ahora mismo. A medida que el buey hace los surcos, él hombre arroja las semillas en la tierra". Dije: "Está usando un animal, y está usando un arado muy viejo y completamente fuera de moda, pero su campo se ve tan perfecto como el de ustedes, ¡y ustedes están usando maquinaria moderna!". El hombre me dijo: "¡El sistema de ese hombre es mucho mejor que el mío! Así es como él hace que sus surcos estén completamente derechos. Primero, en el extremo del campo, pone pequeñas varas y amarra algo rojo o pone pequeñas banderitas blancas en ellas. Entonces, va al extremo opuesto del campo, donde comienza a arar. Pone sus ojos en la pequeña piececita de material que se encuentra en el extremo lejano del campo, a medida que controla los movimientos del buey. Si él no usara esas varitas, sus surcos estarían todos chuecos".

Entonces, esta persona dijo algo que puso toda la situación en perspectiva para mí: "Esa pequeña varita se llama 'la marca'". Ese término me regresó dos mil años atrás al mismo país, a la misma área de Palestina, donde Jesús había vivido, y pude entender lo que Jesús quiso decir en Lucas 9:62: *Pero Jesús le dijo: Nadie, que después*

de poner la mano en el arado mira atrás, es apto para el reino de Dios.
Cuando pones tu mano en el arado, debes poner tus ojos en la marca
y no mirar ni a la izquierda ni a la derecha porque, de otra manera,
te moverás inevitablemente hacia el lugar donde estés mirando.

¿Recuerdas cuando estabas aprendiendo a andar en bici-
cleta? Seguro te dijeron que debías ver hacia delante, porque
dondequiera que vieras, para allá es a donde irías. Si veías hacia
abajo, te caerías. Muchos de nosotros hemos puesto marcadores
en nuestras vidas o visiones asumiendo que es ahí hacia donde
nos dirigimos, pero entonces nos ponemos a mirar a todos lados,
excepto a la visión misma. No se necesita mucho para salirse del
curso. Diez años más tarde, de repente nos damos cuenta que
"realmente quería regresar a la escuela... ¿qué es lo que sucedió?". Si hubiéramos estado en la escuela, en primer lugar, nos
hubiéramos graduado en solo cuatro años. Pero continuamente
quitamos los ojos de la marca y por eso es que terminamos en
lugares donde realmente no queremos estar. Vagamos fuera de
curso porque nos permitimos ser halados en tantas direcciones
diferentes y por todo tipo de distracciones. Otra vez, estamos
ocupados con un número de actividades en lugar de solo enfocar-
nos en la cosa correcta que debemos hacer.

En Mateo 11:30, Jesús dijo: *Mi yugo es fácil, y mi carga ligera.*
Un yugo es una pieza de madera que pone a dos bueyes juntos.
Los mantiene al mismo ritmo y en la misma posición. Jesús también dijo: *Venid a mí, todos los que estáis cansados y cargados, y yo os
haré descansar. Tomad mi yugo sobre vosotros y aprended de mí, que
soy manso y humilde de corazón, y hallaréis descanso para vuestras
almas* (Mateo 11:28-29).

Debemos unirnos con el plan de Dios para nuestra vida y permitir que el yugo de Dios nos guíe. Esto significa que si Él da la vuelta, nosotros damos la vuelta; si Él se detiene, nosotros nos detenemos. Permanecemos con Él al mismo ritmo y en la misma posición. Esta es la forma en cómo podemos darle a la marca.

DEBES HACER AQUELLO PARA LO CUAL NACISTE

La visión te protege de tratar de hacer todas las cosas. El apóstol Pablo tenía un profundo amor y preocupación por los judíos. Escribió en Romanos 9:3-4: *Porque desearía yo mismo ser anatema, separado de Cristo por amor a mis hermanos, mis parientes según la carne, que son israelitas, a quienes pertenece la adopción como hijos, y la gloria, los pactos, la promulgación de la ley, el culto y las promesas.*

Sin embargo, Pablo sabía que Dios no lo había llamado para ser un apóstol a los judíos. Ellos eran su pueblo, él había nacido entre ellos y era uno de ellos, pero su propósito era predicar a los gentiles: *Y para esto yo fui constituido predicador y apóstol (digo la verdad en Cristo, no miento) como maestro de los gentiles en fe y verdad* (1 Timoteo 2:7). Él sabía aquello para lo cual había sido escogido; permanecía en su visión. La visión de Pablo era su fuerza motivadora: *Así que, por mi parte, ansioso estoy de anunciar el evangelio también a vosotros que estáis en Roma* (Romanos 1:15).

Debemos recordar que nuestros dones son la clave para realizar y cumplir nuestras visiones. Si pasamos el tiempo en cosas donde no usamos nuestros dones, nos vamos a desgastar hasta tal punto que, cuando regresemos a nuestros dones, vamos a estar muy cansados como para usarlos en forma efectiva.

Jesús mismo nació para hacer solo una cosa principal. Él sabía la razón por la que estaba manifestándose y mantuvo sus ojos completamente fijos en su visión. Él vino a testificar la verdad acerca del Reino de Dios y de su plan de redención para la raza humana, y a morir en la cruz para realizar esa redención.

En un punto, uno de los más cercanos amigos de Jesús trató de sacarlo de su visión. De hecho y en esencia, lo que Pedro dijo fue: *Maestro, tú estás hablando acerca de cómo vas a morir y acerca de cómo ellos te van a destruir. Escúchame, yo soy tu amigo, así que déjame decirte algo: '¡Nunca lo tal te acontezca!'* (Mateo 16:22)

En otras palabras, Pedro estaba diciendo: "No quiero que mi amigo muera. Si algún hombre trata de atacarlo a Él, ¡primero se las tiene que ver conmigo!". Todo esto suena como las palabras de un verdadero amigo, ¿no es así? Pedro no estaba tratando de decir nada malo, pero tampoco estaba en lo correcto, considerando la visión de Jesús. Aun tus amigos pueden ser muy peligrosos cuando te distraen de tu sueño o visión. Tenemos que darnos cuenta de que nuestro enemigo va a tratar de usar a aquellos que están más cerca de nosotros para desviarnos del camino correcto. Jesús reprendió la verdadera amenaza que estaba detrás de la declaración de Pedro cuando dijo: *¡Quítate de delante de mí, Satanás!* (Mateo 16:23). Debemos reconocer las tácticas del enemigo cuando opera a través de aquellos que están más cerca de nosotros.

LA VISIÓN DISCIPLINA TUS DECISIONES

La visión es la clave para una vida efectiva, porque cuando ves tu destino, eso te ayuda a disciplinar tu vida en maneras que te entrenan, te preparan y proveen para tu visión.

Proverbios 29:18 es citado con frecuencia, pero no se entiende del todo: *Donde no hay visión, el pueblo se desenfrena.* La palabra en el hebreo para *desenfrenar* significa "salirse de los límites". Si no tienes visión, no habrá ningún límite real en tu vida. Pero cuando tienes una visión, eres capaz de decir "no" con mucha dignidad. *Nunca vas a ser disciplinado en tu vida hasta en tanto tengas una visión real.*

¿Qué tan disciplinada es tu vida con relación a tu sueño? Hazte a ti mismo preguntas como: *¿En qué estoy usando mis energías?*

¿En qué estoy poniendo mi corazón y mi alma? ¿Es digno eso en contraste con mi propósito? ¿Dónde estoy invirtiendo mi dinero?

Tu visión te dicta dónde poner tus recursos.

¿Acaso estás comprando cosas que son mucho más caras de lo que puedes aportar y que no necesitas?

¿Estás tan hundido en deudas que no puedes canalizar tu dinero hacia la realización de la visión de tu corazón?

¿Qué clase de películas y programas de televisión estoy viendo?

Si sabes hacia dónde te diriges, vas a decidir y elegir ver cosas que están relacionadas con tu visión debido a que quieres invertir ese tiempo en tu futuro.

¿Qué clase de libros estoy leyendo?

¿Acaso los libros que estás leyendo te están ayudando o te están atando?

¿Qué clase de entretenimientos estoy buscando?

Puedes escoger jugar juegos que te preparen para aquello para lo cual naciste.

¿Qué es lo que estoy metiendo en mi cuerpo?

Hay gente talentosa y muy dotada que está muriendo prematuramente porque consistentemente están comiendo alimentos que no son buenos para ellos. Si quieres llegar hasta el final de tu visión, debes cuidar tu salud. Tu visión puede tardar veinte años en realizarse, por lo tanto, necesitas empezar a comer correctamente y a tomar vitaminas desde ahora. Si descuidas tu salud estarás más susceptible a las enfermedades, y para el tiempo cuando estés a mitad del camino de tu visión, podrías estar demasiado enfermo como para terminarla (o tal vez ni estés aquí).

¿Qué es lo que estoy arriesgando?

¿Acaso estás abusando del alcohol, de las drogas o del sexo? Si es así, muy fácilmente estos excesos pueden ocasionar un corto circuito a tu visión. Por ejemplo, si eres una mujer joven que está siendo presionada a tener sexo antes del matrimonio, piensa en cómo esto puede llegar a afectar el cumplimiento y la realización del sueño de tu vida. ¿Sería más fácil realizar tu meta si tuvieras un bebé fuera del matrimonio o si fueras infectada con una enfermedad que se transmite sexualmente? Si un hombre joven empieza a tocarte inapropiadamente, debes detenerlo y decirle: "Estás interfiriendo con mi futuro. Llévame a casa ahora mismo". Debes proteger tu visión.

¿Cuál es mi actitud hacia la vida?

Si sabes hacia dónde te diriges, puedes mantener una actitud positiva. Cuando las cosas andan mal, puedes decir: "Esto está bien. Eso es solo temporal. Sé dónde está mi verdadero destino".

Pablo dijo que deberíamos disciplinar nuestros pensamientos para solo pensar en aquello que nos edifique: *Por lo demás, hermanos, todo lo que es verdadero, todo lo digno, todo lo justo, todo lo puro, todo lo amable, todo lo honorable, si hay alguna virtud o algo que merece elogio, en esto meditad* (Filipenses 4:8).

Escoge vivir bien. Asóciate con gente e involúcrate en cosas que te conduzcan hacia tu sueño.

"ESTOY HACIENDO UNA GRAN OBRA"

Nehemías hizo una declaración que creo que todos los que tengan visión deberían aprender a hacer. Es una de las más grandes declaraciones de prioridad que jamás he leído, ya sea en la Biblia, en la historia o en cualquier otro lugar. Nehemías estaba en un lugar donde él ya había comenzado a reconstruir el muro de Jerusalén. Había motivado a la gente por medio de darles un propósito renovado, y él era capaz de comunicarles a ellos la necesidad de hacer este gran proyecto, y estaban trabajando muy duro en ello. Pero en Nehemías 6:1, el profeta fue confrontado por tres hombres que querían impedir que su visión se realizara. Sanbalat, Tobías y Gesem eran unos distractores profesionales. En Nehemías 6:2, Nehemías dice: *Sanbalat y Gesem me enviaron un mensaje, diciendo: Ven, reunámonos en Quefirim en el llano de Ono. Pero ellos tramaban hacerme daño.* El nombre "Ono" parece ser el nombre perfecto para esta situación. Me imagino que eso era exactamente lo que Nehemías estaba pensando: "Oh no". Y quizá estos hombres decían: "Vamos a reunirnos y a discutir lo que estás haciendo", cuando en realidad ellos querían tener un concilio con él a fin de atraparlo y detener toda la obra.

En el versículo 3, Nehemías dijo: *Yo estoy haciendo una gran obra y no puedo descender. ¿Por qué ha de detenerse la obra mientras la dejo y desciendo a vosotros?* Nehemías en realidad estaba diciendo: "Miren, si yo hago lo que ustedes quieren que yo haga, me van a distraer de aquello que me he propuesto a hacer". Rehusó apartarse del muro, y sus enemigos fueron detenidos. Esto es lo que yo llamo un hombre que tiene sus prioridades bien establecidas.

HAZ QUE TU VIDA CUENTE

Si tienes miedo de tomar una acción decisiva para moverte hacia delante en tu visión, considera esto: es mejor hacer una decisión que resulte equivocada, pero de la que puedes aprender algo, que no hacer ninguna decisión y nunca aprender nada. Alguien dijo alguna vez: "Prefiero intentarlo y fallar, que nunca intentarlo y jamás saber cómo podía haber tenido éxito". La gente que ha tenido éxito *lo intenta*. La gente que no intenta, no tiene oportunidad alguna de éxito.

Tu destino es tan perfecto para ti que Dios no quiere que termines en ningún otro lugar. Él quiere que encuentres tu visión y propósito, y que te mantengas enfocado en ello. Si te has desviado en la vida, no importa qué tan joven o qué tan viejo seas, vuelve a enfocarte en tu visión y toma decisiones que te lleven a ese lugar. Dile a Dios: "Sé que no he hecho el mejor uso de mi tiempo, de mis dones y de los recursos en mi pasado, pero voy a hacer que el resto de mi vida cuente bastante".

PASOS PARA REALIZAR LA VISIÓN

Escribe las prioridades de cada área de tu vida con relación a tu visión.

¿Qué cosas son las que necesitas eliminar de tu vida a fin de poderte enfocar en tu sueño?

Escribe tus respuestas a las preguntas que tienen que ver con la disciplina y que se encuentran en las páginas (…). Añade cualquier otra categoría que también aplique.

11

PRINCIPIO #8: DEBES RECONOCER LA INFLUENCIA DE LA GENTE EN LA VISIÓN

Cuando comienzas a actuar en tu visión,
va a prevenir tanto a aquellos que te quieren ayudar como
a los que te quieren detener.

El principio número ocho dice que debemos reconocer la influencia que la gente tiene en nuestras visiones. Necesitamos a las otras personas si es que vamos a ser exitosos en la vida, porque, tal y como ya lo enfaticé anteriormente, no fuimos creados para realizar o cumplir nuestra visión solos. A propósito de esto, Dios dijo específicamente respecto de su primer ser humano que creó: *No es bueno que el hombre esté solo* (Génesis 2:18). Necesitamos a las otras personas si es que queremos tener éxito en la vida. Otra vez, el propósito individual siempre se realiza dentro de un propósito más grande o dentro de un propósito corporativo. Por lo tanto, es muy importante que trabajemos con otros para poder hacer de nuestros sueños o visiones una realidad.

Recordemos que Nehemías dijo: *Entonces les dije: Vosotros veis la mala situación en que estamos, que Jerusalén está desolada y sus puertas quemadas a fuego. Venid, reedifiquemos la muralla de Jerusalén para que ya no seamos un oprobio* (Nehemías 2:17, énfasis añadido).

Nehemías fue quien había recibido la visión, pero tenía que ir con otras personas para que lo ayudaran. Así que para cualquier visión que tengas, Dios ya tiene gente preparada para trabajar contigo y van a ser una bendición para ti.

Siempre va a existir la necesidad de tener gente positiva en tu vida. Cuando fui a la universidad, tuve el sueño de graduarme, y hubo personas que habían sido separadas para ayudarme a realizarlo. Algunas de ellas me ayudaron académicamente, otras me ayudaron en lo financiero, otras me animaron a caminar espiritualmente. Cuando tienes un sueño o una visión, esta es la forma en cómo funciona. Siempre va a haber gente ahí, esperando poder ayudarte. Por lo tanto, si no tienes ningún sueño o visión, y si no comienzas a actuar en ello, la gente que está supuesta a ayudarte no va a saber dónde encontrarte.

El principio de la influencia tiene una aplicación en dos sentidos, debido a que la gente puede tener un efecto negativo, así como un efecto positivo en nosotros. Cuando comienzas a actuar en tu visión, vas a incitar tanto a aquellos que te quieren ayudar como a aquellos que te quieren detener.

LA LEY DE LA ASOCIACIÓN

Esta ley establece y determina que te conviertes en aquellos con los que pasas tu tiempo. Con frecuencia, menospreciamos la influencia de otros en nuestra vida. *Hay dos palabras que describen precisamente la influencia: poderosa y sutil.* No sabes que estás siendo influenciado hasta que es demasiado tarde. Ya sea que te des cuenta de esto o no, la influencia de aquellos con los que pasas tu tiempo tiene un efecto poderoso en la forma en como terminarás en la vida, ya sea que llegues a tener éxito o a fracasar.

Lo que comúnmente llamamos la presión de los compañeros, es simplemente la gente con la que nos asociamos y que está ejercitando su influencia sobre nosotros, tratando de dirigir nuestra vida en la forma en como ellos quieren. Deberíamos dejar de decirles a los jóvenes que solo ellos tienen presión de sus compañeros. Los adultos también la tienen. Los adultos encuentran muy difícil ignorar la opinión de otras personas. Hay gente que tiene sesenta, setenta u ochenta años de edad y que cedieron ante la presión de sus compañeros; casi todo el mundo es afectado por esto.

Debes tener mucho cuidado cuando te permites ser influenciado, porque tu visión puede ser desarrollada o destruida por los demás. Hay dos tipos de personas en este mundo: aquellos que están contigo y aquellos que están en contra de ti. He aprendido que *la gente tiene el potencial de crear tu medio ambiente. Tu medio ambiente determina tu forma de pensar, y tu forma de pensar determina tu futuro.* Por lo tanto, debes escoger a tus amigos muy sabiamente, reconocer a aquellos que están contigo y los que están en contra tuya. Muéstrame a tus amigos, y yo te mostraré tu futuro.

PREGUNTAS DE INFLUENCIA

En general, deberías escoger amigos que van en la misma dirección en que tú vas y que quieran obtener las mismas cosas que quieres, de tal manera que se puedan reforzar el uno al otro.

A la luz de esta verdad, quiero que te preguntes a ti mismo tres cosas. Primero, *¿Con quién estoy pasando mi tiempo?* ¿Quiénes son tus amigos más cercanos; quién es la gente a la que le estás abriendo tu confianza?

Segundo, *¿Qué es lo que estas personas me están haciendo?* En otras palabras, ¿qué es lo que ellos te piden que escuches, que leas, que pienses y que hagas? ¿Hacia dónde te están dirigiendo? ¿Qué es lo que ellos están haciéndote decir? ¿Con qué te están alimentando? ¿En qué cosas están haciendo que te comprometas? La última pregunta es una muy importante, porque tus amigos pueden hacerte sentir muy cómodo en tu miseria. Y lo más importante, ¿en qué te está convirtiendo a ti el hecho de estar con esas personas? Salomón dijo: *El que anda con sabios será sabio, mas el compañero de los necios sufrirá daño* (Proverbios 13:20). La versión *Dios Habla Hoy* dice: *Júntate con necios y te echarás a perder.* Mi versión de este precepto es: "Si quieres tener éxito, no estés en compañía de aquellos que no van a ningún lado en la vida".

Por ejemplo, si te asocias con gente que gasta más dinero del que gana, hay muy altas probabilidades de que vas a acabar gastando más dinero del que ganas. El resultado es que te sales completamente de tus objetivos presupuestarios (las mensualidades que tienes que pagar son tan altas que ya no puedes ahorrar ningún dinero). Así que no permitas que nadie te saque de curso jamás. Decide por ti mismo. *¿Cuáles son mis objetivos y cuáles son mis planes?* Y no permitas que otros te influencíen para abandonarlos.

Y tercero, pregúntate, *¿Acaso lo que las otras personas me están haciendo es una cosa buena con relación a mi visión?* Cuando comienzas a decirle a la gente hacia dónde te diriges y qué es lo que vas a hacer, las personas (incluso inconscientemente) comienzan a decir cosas para tratar de obstaculizar o impedir tu sueño o visión.

Necesitas preguntarte y contestarte las tres preguntas anteriores con toda verdad y en forma regular, a medida que avanzas hacia tu visión.

LA VISIÓN LEVANTA OPOSICIÓN

En Nehemías 4:1 dice: *Y sucedió que cuando Sanbalat se enteró de que estábamos reedificando la muralla, se enfureció y se enojó mucho.* La gente de visión ha encontrado que en el mismo minuto en que deciden realizar sus sueños o visiones, parece que todos sus enemigos se despiertan al mismo tiempo. Otra vez, mientras tú no estés haciendo nada acerca de tu visión, nadie te va a molestar. Pero si comienzas a moverte en dirección de ella, la oposición se levantará. Para cuando terminan de desalentarte, ya sientes que solo debes conformarte y ser una secretaria de nuevo.

Es un fenómeno muy interesante el hecho de que ciertas personas se van a enojar cuando comienzas a sobresalir y a hacer algo que nunca han hecho. Tus amigos y la gente con quien te asocias no quieren que salgas de tu situación actual porque no quieren que los dejes atrás. Necesitas acostumbrarte a la idea de que la gente va a hablar chismes acerca de ti, y te va a tratar con malicia debido a tu visión. ¡Pero todo esto es parte del proceso! Por lo regular es prueba de que realmente estás haciendo algo con tu vida.

Napoleón Hill escribió un gran libro titulado *Piense y hágase rico* (*Think and Grow Rich*). Con base en el título, algunas personas tal vez piensen que este no es un libro apropiado como para que lo lean los creyentes, pero de hecho, contiene muchos de los principios de la Palabra de Dios. Hill hizo una declaración que realmente me ha impactado: *"La mayoría de la gente permite que sus familiares, amigos, y público en general los influencíen tanto, que ellos ya no pueden vivir su propia vida, debido a que tienen miedo de la crítica... Grandes números de hombres y mujeres, jóvenes y viejos, permiten que sus familiares destrocen sus vidas en el nombre del deber, solo porque ellos le tienen miedo a la crítica.*[5]

Esta es una declaración muy poderosa. Es muy triste, pero algunas veces, las personas que son más perjudiciales para el cumplimiento y la realización de tu visión son los miembros de tu propia familia. Algunos miembros de tu familia pueden apoyarte grandemente, pero otros tal vez no lo hagan. Esto se debe a que han vivido contigo por tanto tiempo que piensan que saben quién eres tú y, por lo tanto, tratan de convencerte para que abandones todos tus sueños o visiones. Tu madre te puede decir: "Mejor quédate en tu trabajo. Es seguro y tiene prestaciones". Tu primo te puede decir: "¿Para qué estás dejando tu trabajo? Ganas buen dinero en tu trabajo". Estas son formas de ataques en contra de tu visión, aun si están bien intencionadas. Para el momento en que tu familia ha acabado de decirte todas las razones de por qué tú no deberías ir en busca de tus sueños o visiones, ya quieres abandonarlo todo completamente. Sin embargo, en tu corazón, todavía tienes el deseo de realizarlos. Así que terminas todo frustrado y sufriendo de cosas tales como la alta presión arterial.

---

5. Napoleon Hill, *Think and Grow Rich* (New York: Fawcett Crest, 1960), 139.

El potencial que existe para las influencias negativas de parte de los miembros de la familia con relación a la visión probablemente es la causa de que el Señor le dijo a Abraham: *Vete de tu tierra, de entre tus parientes y de la casa de tu padre, a la tierra que yo te mostraré* (Génesis 12:1). Las Escrituras no dicen que la esposa de Abraham estaba presente en ese tiempo, lo que probablemente era una cosa buena. Recuerda que, más tarde, Sara se rio, llena de incredulidad, cuando Dios le dijo que iba a tener un hijo (ver Génesis 18:1-15). José también tuvo que dejar a toda su familia antes de que él pudiera convertirse en lo que esencialmente era el primer ministro de Egipto.

Algunas veces necesitamos apartarnos incluso de la influencia de las personas que amamos si es que vamos a seguir las visiones que Dios nos ha dado. Muchas personas quieren que te conviertas en lo que ellos querían llegar a ser, y no en aquello para lo cual naciste, y con frecuencia terminan limitándote. Por ejemplo, un miembro de la familia puede decir: "Yo te conozco, tú eres igual a tu madre. Ella nunca tuvo ninguna capacidad para los negocios. ¿Qué quieres decir con eso de que vas a abrir una tienda?". Cuando te sales de lo que otros esperan que seas, van a comenzar a verte como un problema. Sin embargo, la gente que ha cambiado al mundo ha declarado la independencia de las expectativas de las otras personas. Eso es lo que los hace exitosos. Aun si la gente miente acerca de ti, o comienzan rumores acerca de ti, mantén tus ojos en la marca, continúa trabajando y sigue edificando. Tu pasión tiene que ser mucho más poderosa que la oposición de aquellos que te rodean. Debes tener muy claro lo que vas a hacer y debes perseverar en hacerlo.

Nehemías encaró esta situación. En Nehemías 4:2 podemos leer: *Habló [Sanbalat] en presencia de sus hermanos y de los ricos de Samaria, y dijo: ¿Qué hacen estos débiles judíos? ¿La restaurarán para sí mismos? ¿Podrán ofrecer sacrificios? ¿Terminarán en un día? ¿Harán revivir las piedras de los escombros polvorientos, aun las quemadas?*

Observa las preguntas que Sanbalat estaba haciendo. Cuando la gente está enojada, harán preguntas para desanimarte. El versículo 3 dice: *Tobías el amonita estaba cerca de él, y dijo: Aun lo que están edificando, si un zorro saltara sobre ello, derribaría su muralla de piedra.* En otras palabras: "No te preocupes acerca de ellos. Esto no va a funcionar. Todo esto va a desaparecer muy pronto". ¿Alguna vez has escuchado esto antes?: "Oh, no te preocupes acerca de este nuevo negocio. Solo va a durar un par de meses antes de que quiebre". Esta actitud es lo que yo llamo el "Síndrome de Tobías". Cuando alguien te dice algo como esto, solo sigue moviéndote hacia delante con tu visión.

La razón de que algunas personas te comienzan a odiar cuando vas en busca de tu visión es que estás exponiendo su propia falta de visión. Existen personas tóxicas en el mundo, y van a contaminar tu vida si se lo permites. Te van a decir cosas tales como: "Tú no puedes hacer eso". "No tienes suficiente educación". "Eres muy joven". "Eres muy viejo". "No tienes el pasado adecuado". "No tienes las conexiones necesarias". Así hablan continuamente. Mi respuesta a tales personas básicamente es esta: "Déjenme en paz. Nací en mi familia y no pude escoger a mis hermanos y a mis hermanas. Sin embargo, puedo escoger a mis amigos".

Al analizar los problemas que vienen con la ley de asociación, tuve que aprender a hacer tres cosas para proteger mi visión. La primera es separación.

SEPARACIÓN

La prioridad requiere que va a haber personas y lugares de los que te vas a tener que separar si es que quieres realizar tu sueño o visión. Este hecho no debería ser tomado a la ligera. Algunas personas dicen que realmente no importa el hecho de con quién se asocien, y que ellos no quisieran llegar a lastimar a nadie al separarse. Pero Jesús dijo: *Y si un ciego guía a otro ciego, ambos caerán en el hoyo* (Mateo 15:14). Él nos estaba diciendo que no seamos tontos al seguir a aquellos que son ciegos espiritualmente. Te tienes que separar de la gente que no va a ningún lado en la vida y que en realidad no quieren ir a ningún lado. La cosa más triste es que algunas personas literalmente están sacrificando sus sueños y sus vidas porque tienen miedo de tener un conflicto o tener un desacuerdo con otros.

La gente joven debe decirle a sus excompañeros: "Ya no quiero hacer esas cosas. Ya no quiero que vengas aquí. Tú y yo ya no vamos en la misma dirección". Escoge la gente en tu vida de manera muy cuidadosa. Cuando comienzas a buscar la visión de Dios para tu vida, algunas veces vas a tener que cambiar a tus amigos más cercanos porque ya no estás hablando el mismo lenguaje. Debes escoger gente que quiera que vayas adónde debes ir. Deja que este tipo de personas te animen.

No tengas miedo de separarte de las personas que no son correctas para ti. La separación no siempre tiene que ser confrontativa. Algunas veces, te puedes separar de la vida de las personas muy calladamente y de forma sutil, de la misma manera como te conectaste con ellos. La separación no es una acción que sea fácil de tomar, pero es una prioridad muy importante en la vida. Quiero concluir esta sección diciéndote que, si escuchas las críticas, nunca llegarás a hacer aquello para lo cual naciste. Debes ignorar las críticas y seguir actuando de acuerdo con tu visión. Las críticas suceden porque aquellos tienen mucho tiempo en sus manos. Pero tú necesitas estar tan ocupado que no tengas tiempo de criticar a nadie, ni de escuchar a los que te quieran criticar. Recuerda lo que Nehemías dijo cuando sus enemigos trataron de distraerlo de su visión: *Yo estoy haciendo una gran obra y no puedo descender. ¿Por qué ha de detenerse la obra mientras la dejo y desciendo a vosotros?* (Nehemías 6:3).

Un día, le estaba hablando a una mujer que atravesaba por un divorcio. Su marido no quería realmente el divorcio, pero ella tenía ciertas amigas que habían pasado a través de divorcios y estaban tratando de convencerla de que se metiera en lo mismo. Ella vino a verme, y me dijo: "Necesito decidir si voy a regresar con mi marido, y me dijeron que usted podría ayudarme". Después de que escuché lo que ella tenía que decir, le dije: "Te voy a decir una cosa. Tú esposo es tu mejor compañero, porque él quiere el matrimonio. Tus amigas no son realmente tus amigas. Si quieres salvar tu matrimonio, deja de hablar con tus amigas. Todas ellas están divorciadas. Por eso es que te están aconsejando que te divorcies".

Cuando estás atravesando por una situación dolorosa emocionalmente, debes tener especial cuidado de quien recibes consejo. Tú no quieres hablar con alguien que todavía se encuentra en el fondo del abismo. Tú quieres hablar con alguien que realmente te pueda ayudar. Cuando necesitas ayuda, tú no buscas ayuda en un hombre que se esté ahogando.

ASOCIACIÓN LIMITADA

La segunda cosa que he aprendido es la asociación limitada. Tú no quieres separarte por completo de algunas personas en tu vida. Sin embargo, es muy importante que determines cuánto tiempo vas a pasar con ellos. Tal vez, *hay algunas personas con las que te has estado familiarizado y quieres apartarte de ellas un poco porque ves que el hecho de estar con ellas hace que se pierda tu visión.*

Para aquellos que están saliendo con alguien y se están entusiasmando acerca de su relación con esa persona, por favor, tomen nota de esto profundamente en su corazón: cuando tienes un objetivo para tu vida, debes asegurarte de que la otra persona en quien estás interesado, también esté interesada en tus mismos objetivos. Muchas personas se casan y entonces les dicen a sus esposas o esposos acerca de sus objetivos. Con frecuencia, sus esposos o esposas dicen: "Yo realmente no quiero eso". La Biblia nos pregunta al decir: *¿Andan dos hombres juntos si no se han puesto de acuerdo?* (Amos 3:3). Jesús reforzó este tema cuando dijo: *Una casa dividida contra sí misma, se derrumba* (Lucas 11:17). No quieres estar en una casa dividida. Pues esto es lo que origina la confrontación. Tú quieres estar en una casa que solo tenga una visión.

Está bien el hecho de tener amigos casuales si solo les das un poco de tiempo casual. No quieres pasar nada de tiempo de calidad con estos amigos casuales. Está bien si solo pasas dos horas con algunas personas, pero no dos días. Está bien si solo pasas dos minutos con algunas personas, pero no dos horas. Todo depende de la persona y de la influencia que ejerza sobre ti. De hecho, hay algunas personas con las que no puedo estar ni siquiera por dos minutos, porque siempre se están quejando. Aun antes de que yo hable con ellas, me siento todo cansado como si hubiera usado toda mi energía en la vida; después de que hablo con ellas por solo dos minutos, me siento deprimido.

Debes proteger tu medio ambiente mental. Aquí está la manera de hacerlo: debes pasar más tiempo con las influencias positivas y mucho menos tiempo con las influencias negativas. Mantente alejado de malas situaciones. Pablo refirió el siguiente dicho: *No os dejéis engañar:* "*Las malas compañías corrompen las buenas costumbres*" (1 Corintios 15:33). En otras palabras: "Escoge con mucho cuidado tus compañías".

También debes tener mucho cuidado con todo aquello que recibes de otras personas, en términos y con relación al propósito de tu vida. Nadie debe profetizar nada acerca de ti que sea diferente a lo que ya has estado pensando, porque, en primer lugar, Dios va a confirmar tu visión. Las profecías son para confirmación, para exhortación y para motivación, no para dar dirección. La razón de que tanta gente se encuentre confundida es que todavía no tienen ninguna visión para su vida, y andan corriendo a varias reuniones, buscando que alguien les dé a una palabra de profecía. Hay personas que no tienen control de sí mismos. Ellos van a seguir cualquier cosa que otros declaren sobre su vida, y esto los confunde tremendamente, tal y como el amigo que les mencioné con anterioridad, que llegó a abandonar a su familia. Esto sucedió porque él no tenía una visión clara sobre su propia vida. Otra vez, no permitas que otras personas te den tu visión; permíteles únicamente que te confirmen la visión que Dios ya te ha dado.

EXPANDE TUS ASOCIACIONES

En tercer lugar, y esta es la más positiva de las tres, expande tus asociaciones. Si vas a ser exitoso, tienes que pasar más tiempo con la gente correcta: personas que tenga la misma filosofía y disciplina que tú tienes, gente que muestre el tipo de carácter que quieres llegar a tener. Estas son las personas con quienes querrás expandir tus relaciones. Hazte a ti mismo estas preguntas: "¿Quién me puede ayudar en la dirección de mi objetivo?", "¿A qué persona me puedo acercar para poder aprender de ella?".

PASA TIEMPO CON GENTE QUE TIENE VISIÓN

Cuando el ángel Gabriel le anunció a María que ella iba a estar embarazada con Jesús, María preguntó: "¿Cómo va a ser esto posible?". La respuesta de Dios a través de Gabriel fue que esto iba a ocurrir por medio del poder del Espíritu Santo. Pero quiero que notes otra cosa que dijo el ángel. Mencionó que Elizabeth ya estaba embarazada con Juan el Bautista, después de que ella había sido estéril y, además, ya había pasado de la edad para poder tener hijos. Fue como si Dios estuviera diciendo: "María, para ayudarte a que estés fuerte durante este tiempo, tú necesitas el testimonio inspirador de fe de Elizabeth. Ella tiene su propio milagro de bebé y va seis meses adelante de ti". La Biblia dice que María fue directo a la casa de Elizabeth y que se quedó con ella por tres meses (ver Lucas 1:26-56).

Dios no quiere que pases tiempo escuchando las críticas porque estas van a hablar de tu "bebé". Él quiere que seas animado por medio de alguien que ya ha pasado por esos mareos en las mañanas (por decirlo de alguna manera), porque siempre habrá ocasiones cuando te vas a sentir como que quieres rendirte. Durante esos tiempos difíciles, esa persona te puede decir: "Cariño, vas a lograr salir victorioso de esto. No te rindas con relación a tu sueño".

¿Recuerdas lo que Jesús hizo cuando quería resucitar a esa niña pequeña? La casa de la niña estaba llena de gente que estaba llorando y gimiendo: "¡Oh, ella está muerta!". Ellos tocaban música fúnebre y estaban vestidos de negro. Estaban golpeando sus pechos, rasgando sus vestidos y tirando cenizas encima de ellos. Todo el mundo estaba tan deprimido y tan obscurecido. Era una fiesta de tristeza. Cuando llegó Jesús y le dijo al padre de la niña: "Sácame a todos estos de aquí, por favor". Jesús quería una atmósfera de fe y no de incredulidad. Entonces, tomó a los padres de la niña, junto con Pedro, Santiago y Juan, y se metieron en la habitación donde se encontraba la niña, y Jesús la resucitó (ver Marcos 5:35-43).

ACENTÚA LO POSITIVO

Todos necesitamos de otras personas que nos guíen, que nos ayuden y motiven a lo largo del camino para encontrar nuestras visiones. Debido a que necesitamos la influencia de otros, también esto nos hace ponernos en peligro de los efectos negativos que estas personas puedan tener en nosotros, si es que nosotros o ellos no tenemos cuidado. Por lo tanto, es crucial que guardemos y protejamos nuestro corazón, nuestros pensamientos, actitudes e ideas para que no sean saboteados por aquellos que están a nuestro derredor. Debemos aumentar las influencias positivas en nuestra vida y disminuir las influencias negativas, a medida que buscamos nuestros objetivos individuales al estar en equipo con otros.

PASOS PARA REALIZAR LA VISIÓN

Contesta las tres preguntas que se hicieron en este capítulo:

¿Con quién estoy pasando mi tiempo? ¿Quiénes son mis amigos más cercanos, quiénes son las personas en quienes estoy confiando?

¿Qué es lo que estas personas me están haciendo? ¿Qué es lo que me obligan a escuchar, a leer, a pensar y a hacer? ¿Cómo me hacen sentir? ¿A qué me he tenido que comprometer con ellos?

¿Lo que estas personas están haciéndome es algo bueno a la luz de mi visión? ¿Quién me puede ayudar en la dirección de mi objetivo? ¿Con qué persona me puedo relacionar para que yo pueda aprender algo de esta persona?

12

PRINCIPIO #9:
DEBES EMPLEAR LA PROVISIÓN DE LA VISIÓN

Dios diseñó todos los propósitos para que contaran con su propia prosperidad.

El principio número nueve es que debemos entender el poder de la provisión. Con frecuencia, las personas dejan de soñar acerca de lo que realmente quieren hacer en la vida porque saben que tienen muy pocos recursos para hacerlo. Creen que tienen que pagar el precio de sus visiones con sus ingresos actuales, siendo que a duras penas les alcanza el dinero para llegar al siguiente cheque. De forma similar, cuando los jóvenes le dicen a sus padres lo que ellos sueñan llegar a ser, los padres por lo regular se ponen nerviosos porque sienten que los sueños o visiones de sus hijos son muy grandes como para que los puedan financiar.

TODO LO QUE DIOS PROPONE, TAMBIÉN PROVEE PARA ELLO

Si nosotros creemos que tenemos que usar nuestros propios recursos para poder llevar a cabo la visión que Dios nos ha dado, entonces somos unos soñadores muy pequeños. Quiero animarte con relación a que la Biblia es muy clara en cuanto a los sueños y las visiones que hay en nuestro corazón, y acerca de la manera en cómo todo ha sido dispuesto para ello. En Proverbios 16:1 dice: *Del hombre son los propósitos del corazón, mas del Señor es la respuesta de la lengua.* Esta declaración tiene que ver con la provisión. Cada vez que una persona recibe un sueño o una visión de parte de Dios, este siempre parece ser imposible. Pero Dios sabe que nuestras provisiones nunca van a igualar a nuestras visiones en el momento en que las recibimos. Dios se da cuenta de que nosotros no podemos explicarle a los demás (ni siquiera a nosotros mismos) cómo es que vamos a realizar nuestras visiones sin tener ni el dinero necesario, ni la gente necesaria, ni las instalaciones o equipo necesario. Él sabe que con frecuencia nuestros sueños o visiones son muy grandes y que nuestras cuentas en el banco son muy pequeñas. ¿Cuál es la solución de Dios para nosotros? Dios dice que Él dará la respuesta o que "del Señor es la respuesta de la lengua".

La voluntad de Dios para nuestra vida viene de su sola voluntad. Por esto es que Dios dice que *es nuestro trabajo el poder entender, creer y escribir en una hoja de papel nuestras visiones, mientras que es la responsabilidad de Dios explicar cómo es que Él las va a realizar en su tiempo.* Esto nos libera de tener que ser creativos y productivos cuando vamos en busca de nuestras visiones. Por lo tanto, si la gente te pregunta cómo es que vas a poder realizar tu sueño o visión, no tienes que tratar de darles toda una respuesta complicada. Diles que estás confiando en Dios para la provisión de cada paso que tengas que dar. Entonces, permite que Dios les explique cómo es que todo esto se va a realizar. El propósito es tu responsabilidad. La provisión es responsabilidad de Dios.

LA VISIÓN Y LA PROVISIÓN VAN JUNTAS

Tal vez tus sueños son tan grandes que te llegan a atemorizar. No puedes ver cómo es que se van a llegar a realizar. Déjame asegurarte que tu aprensión inicial es muy normal. Con frecuencia, *Dios nos da sueños que nos confunden al principio, porque quiere asegurarse de que no vamos a intentar realizarlos sin Él.* Y si tratamos de hacerlo sin Él, no tendremos éxito, porque no vamos a tener los recursos para ello.

Muchas personas que están haciendo algo importante para Dios en el mundo lo están haciendo sin sus propios recursos, porque Dios no quiere que dependamos de nuestras propias habilidades. Al contrario, Él quiere que nosotros seamos obedientes por medio de escribir esa visión en una hoja de papel y, entonces, voltear hacia Él para que sea quien genere los fondos y otros recursos que sean necesarios para apoyar su propia obra.

Debemos estar seguros de que Dios nunca nos va a dar una visión sin provisión. La habilidad y los recursos están disponibles para cualquier cosa para la cual hayas nacido. Tu provisión, sin embargo, normalmente se encuentra escondida hasta que comienzas a actuar en tu visión. Cualquier cosa para la que naciste atrae todo lo que necesitas para ello. Por lo tanto, primero tienes que establecer lo que quieres hacer, y comenzar a hacerlo, antes de que la necesidad pueda ser suplida. La mayoría de nosotros trabajamos al revés. Nos gusta poder tener las provisiones antes de comenzar, pero la fe no funciona de esta manera. Cuando tomamos acción, *es entonces* que Dios manifiesta su provisión.

Quiero mostrarte la prueba de que todo lo que necesitas ya ha sido provisto para ti. En Efesios 1:3 dice: *Bendito sea el Dios y Padre de nuestro Señor Jesucristo, que nos ha bendecido* con toda *bendición espiritual en los lugares celestiales en Cristo* (énfasis añadido). *Dios ya te ha bendecido con todo lo que tú necesitas.* ¿Y dónde está? En los lugares celestiales, en el mundo espiritual. El versículo cuatro comienza con la palabra "según". Cuando vemos esa palabra, podemos entender que, a causa de la verdad del versículo 4, el versículo 3 es una realidad: *Según nos escogió en Él antes de la fundación del mundo.*

Dios ya preparó todo lo que podrías necesitar desde antes que Él te creara, para que llegues a hacer aquello para lo cual has nacido. Dios sabía lo que necesitabas porque te escogió para tu visión desde hace mucho tiempo. Dios nos dice que no tenemos que preocuparnos por nuestra provisión porque ya nos ha bendecido con toda bendición espiritual en los lugares celestiales. La preocupación es la mayor señal de que dudamos de Dios. Si Dios pudo poner el dinero de Faraón en las manos de los israelitas, y pudo llevar a su pueblo al desierto cargado con todo el oro del enemigo, ¿acaso piensas que Dios no podrá proveer para tus necesidades?

FALSOS CONCEPTOS DE PROSPERIDAD

PROSPERIDAD COMO EXCESO

Una de las razones porque tenemos problemas en entender cómo es que Dios va a proveer para nuestras visiones, es porque tenemos una perspectiva falsa acerca de la prosperidad. Pensamos que la prosperidad significa exceso, por esto es que nos preocupamos cuando no tenemos el dinero en el banco para solventar nuestras visiones.

Más aun, si nuestro concepto de la prosperidad es el hecho de acumular. En la Biblia, una persona que acumulaba demasiado se conoce como glotonería. Una persona puede ser glotona aunque no tenga nada de dinero o nada de comida. La glotonería es un estado de la mente en el que la persona nunca siente que tiene suficiente como para satisfacerlo.

Cualquier cosa por la cual comiences a sentir glotonería, te va a destruir. Cuando comemos más de lo que realmente necesitamos, esto se convierte en un problema llamado obesidad. Esta obesidad produce presión en el corazón. Nuestras arterias comienzan a taparse, poniéndonos en peligro de sufrir un derrame cerebral, y todo se debe al exceso de comida.

La Biblia dice que la gente que tiene exceso de dinero tiene muchas cargas, muchas preocupaciones y muchos dolores de cabeza al tratar de imaginar qué hacer con sus riquezas y cómo protegerlas (ver Lucas 12:16-21; Santiago 5:1-5). Mucha riqueza puede causar opresión y aun depresión. Algunas personas tienen tantas gemas y tantos diamantes que tienen que poner barrotes en sus ventanas para protegerse en contra de los ladrones. Se preocupan cada noche de que alguien se pueda meter en su casa y robarles su reloj de veinte mil dólares y que rara vez usan.

Para mí, esta forma de ver la riqueza es pura tontería, porque así, las riquezas son una carga en lugar de una bendición. No tienes que poseer cosas extravagantes solo porque eres rico. Estarías mejor si compras un reloj de veinte dólares y puedes disfrutar tu vida. De esta manera, si alguien te roba tu reloj, solo vas y te compras otro. Lo único que necesitas saber es la hora. No tienes que preocuparte con relación al hecho de quién es la persona que te lo va a cuidar.

LA PROSPERIDAD DE LA PROVISIÓN DE LAS NECESIDADES FUTURAS, HOY

Otras personas tienen la idea de que la prosperidad significa que todas nuestras necesidades van a ser provistas por adelantado.

Jesús se refirió a este falso concepto cuando le dijo a sus discípulos: *Por eso os digo, no os preocupéis por vuestra vida, qué comeréis o qué beberéis; ni por vuestro cuerpo, qué vestiréis. ¿No es la vida más que el alimento, y el cuerpo más que la ropa?... Por tanto, no os preocupéis, diciendo: "¿Qué comeremos?" o "¿qué beberemos?" o "¿con qué nos vestiremos?". Porque los gentiles buscan ansiosamente todas estas cosas; que vuestro Padre celestial sabe que necesitáis de todas estas cosas. Pero buscad primero su reino y su justicia, y todas estas cosas os serán añadidas* (Mateo 6:25, 31-33).

¿Acaso la gente se preocupa por algo que ya tiene? No. La preocupación no está relacionada con nuestra provisión del presente, está relacionada a la falta de provisión que percibiremos en el futuro. De hecho, Jesús les estaba preguntando a sus discípulos: "¿Por qué quieren algo que no necesitan en este momento? Ustedes se están enfocando en las cosas equivocadas. Busquen primeramente el Reino de Dios y su justicia, y todas estas cosas van a ser añadidas. No tienen que buscar estas cosas; todas esas cosas les serán añadidas".

Jesús concluyó sus declaraciones acerca de la provisión diciendo: *Por tanto, no os preocupéis por el día de mañana; porque el día de mañana se cuidará de sí mismo. Bástele a cada día sus propios problemas* (v. 34). Considero que quiere decir lo siguiente: "Si posees algo en este momento, gózalo". En otras palabras, si la renta de la casa está pagada, entonces, goza la casa por ese mes. ¡Deja de preocuparte por el mes siguiente que todavía no ha llegado! Vive en tu casa, duerme en tu cama, prepara alimentos en tu cocina, relájate en la sala de tu casa. Goza en la casa que está pagada por el día de hoy. Nos salen úlceras por preocuparnos acerca de qué vamos a hacer para la provisión del mes siguiente, debido a que no nos permitimos a nosotros mismos vivir en el presente.

La prosperidad no significa que la necesidad de mañana está suplida el día de hoy; significa que la necesidad de hoy es suplida *hoy mismo*. Encontramos el mismo concepto en la oración del Padrenuestro: *Danos el pan nuestro de cada día* (v. 11). Jesús nos dice que no nos preocupemos por el día de mañana porque tiene su propia provisión (ver Mateo 6:34), y el día de mañana tal vez lleguemos a necesitar mucho más de lo que necesitamos el día de hoy. Cuando lleguemos al día de mañana, la provisión va a estar ahí. Debemos entender que la prosperidad realmente está hecha para comprender el principio fundamental de cómo es que Dios provee para nuestras visiones.

LA NATURALEZA DE LA VERDADERA PROSPERIDAD

Una de las palabras hebreas que es traducida como "prosperidad" en la Biblia, es la palabra *shalev* (por ejemplo, en Salmos 30:6; 73:3), que significa "tranquilo", "estar reposado", "pacífico" y "quietud". Otra palabra hebrea para la prosperidad es la palabra *shalom* (ver Salmo 35:27; Jeremías 33:9), que significa "paz", "seguro", "estar bien", "feliz" y "saludable". La Biblia está diciendo que la prosperidad es paz. La prosperidad también es armonía. Cuando las cosas están en equilibrio, decimos que están en paz. *La verdadera prosperidad significa estar libre de toda preocupación y de todo temor, y reflejar un estado de contentamiento debido a que todo lo necesario está siendo suplido.*

Jesús usó una analogía de la naturaleza para ayudar a explicar la prosperidad: *Mirad las aves del cielo, que no siembran, ni siegan, ni recogen en graneros, y sin embargo, vuestro Padre celestial las alimenta. ¿No sois vosotros de mucho más valor que ellas? ¿Y quién de vosotros, por ansioso que esté, puede añadir una hora al curso de su vida?* (Mateo 6:26-27).

Algunas personas interpretan este pasaje como que quiere decir que Dios está supuesto para cuidar de ellos, por lo tanto, ellos no tienen que hacer nada, solamente se van a sentar y dejar que el Señor los bendiga. Si necesitan algo, van y oran y alguien va a traer comestibles hasta la puerta de su casa o va a pagar por su gasolina para su automóvil, o les va a dar varios cientos de dólares. Por lo tanto, ellos solo están esperando que Dios actúe.

Sin embargo, veamos la implicación de este pasaje. ¿Cómo es que Dios alimenta a las aves? Él provee para ellas, ¡pero no viene en persona a traer el alimento con sus propias manos hasta su nido! Los pájaros no solo se sientan a esperar que Dios pase por ahí a repartirles sus alimentos. Cuando Jesús dijo que el Padre celestial alimenta a los pájaros, quiso decir que todo lo que ellos necesitan se encuentra a su disposición, pero ellos tienen que ir y obtenerlo.

Dios no le construye a un pájaro su nido, sino que provee las ramas. El pájaro tiene que ir y recogerlas y traerlas hasta su árbol que ha escogido para que sea su hogar. Dios no hace que lluevan gusanos sobre la faz de la tierra cada mañana. El pájaro tiene que ir a escarbar para encontrarlos. Tiene que trabajar, trabajar,

trabajar hasta que termina su nido. Tiene que seguir trabajando, trabajando, trabajando, hasta que atrapa el gusano.

TODO PARA LO QUE DIOS LLAMA, PROVEE PARA ELLO

Un principio que vimos en un capítulo anterior se puede aplicar aquí: todo aquello que Dios llama, provee para ello. Dios provee para nosotros lo que necesitamos, aunque a veces no lo hace directamente. Si eres un estudiante de la universidad, tus padres te están proveyendo con la mensualidad para que puedas ir a la escuela, pero ellos no pueden hacer que aprendas. La provisión ya está hecha; pero te toca a ti hacer el trabajo. Tus padres cocinan alimentos y los ponen sobre la mesa; pero tú tienes que comerlos, tienes que tomar la energía de ti mismo. Es de la misma manera con Dios. Él provee; pero no hace el trabajo por nosotros. Tenemos que ir a buscar lo que Dios ya ha provisto como nuestra provisión.

TODO PROPÓSITO TIENE SU PROPIA PROSPERIDAD

Otro aspecto fundamental de la provisión es que Dios ha diseñado cada propósito con su propia prosperidad. Tu propósito tiene su propia prosperidad en sí mismo. Dios nunca requiere de ti aquello que Él no tiene ya listo y preparado para ti. Esta es la clave: tu prosperidad está directamente relacionada a tu propósito en la vida. La naturaleza y grado de tu prosperidad está determinada por la tarea que tú tienes que hacer. No naciste para tener muy poco o demasiado. Naciste para cumplir y realizar el propósito de Dios. Cuando capturas tu visión, la parte con la que debes contribuir a tu generación y a las generaciones subsecuentes, es la función que debes jugar en la historia. Cuando capturas eso, vas a ver que todas tus provisiones automáticamente son atraídas hacia tu visión.

De esta manera, a final de cuentas, no solo trabajas por el dinero o por la comida, porque vas a estar muy ocupado viviendo. No fuiste creado por Dios solo para pagar una hipoteca o una renta. No se te dio la vida solo para que tengas comida en el refrigerador. En tu corazón sabes que esto es cierto. Si esto es lo que estás haciendo, probablemente te encuentras frustrado con tu situación actual. Para el tiempo en que tengas sesenta años de edad, vas a voltear a ver a tu vida y dirás: "¿Acaso pude disfrutar esto?". Tal vez tienes una casa muy bonita, pero estás ahí solo entre las nueve de la noche y las seis de la mañana. El resto del tiempo estás ayudando a alguien más a que se haga millonario, y esa persona está en su casa jugando golf y disfrutando la compañía de su familia y amigos, mientras que tú estás muy ocupado en el trabajo.

Tú y yo tenemos prosperidad basada en nuestras tareas, y no en el hecho de estar compitiendo con nuestros vecinos más ricos. Debemos deshacernos de todo aquello que tengamos en exceso en nuestra vida. Somos tan ricos como lo son nuestros propósitos, y nuestras visiones no se han realizado en su totalidad. Todavía tenemos provisión que va a venir hacia nosotros y que es tan grande que nadie la va a poder detener.

Algunas veces, Dios no nos da todos los recursos que necesitamos para realizar nuestras visiones porque Él ha llamado también a otras personas para que provean para nosotros. Dios puede tener provisiones por todo el mundo esperándote. Tal vez, Él te tenga que mover mil kilómetros para colocarte donde deberías estar, para que hagas las cosas para las cuales naciste y para cumplir y realizar el deseo de tu corazón; mientras que, al mismo tiempo, se cumple el deseo del corazón de Dios.

Por lo tanto, si quieres ir a la universidad, no abandones tu sueño solo porque tu madre no tiene el dinero suficiente. Tu madre no necesita pagar tus deudas. Tu Padre celestial ha prometido hacer esto para ti. El dinero de María y de José vino de los sabios que llegaron en sus camellos. Cuando ellos dijeron sí a la visión de Dios, los hombres sabios viajaron una gran distancia para llevárselos. Dios va a suplir tu provisión, aun si tiene que mandar a alguien a cruzar el desierto para que te lo lleve. Dios tiene provisión para ti, lo cual nadie sabe excepto Dios mismo.

Por lo tanto, tienes todas las provisiones que necesitas para tu visión, incluyendo tus finanzas, el personal que necesitas, los edificios y cualquier otra cosa que necesites. Hay personas que nacieron para ayudarte a realizar tu visión. Hay otras que fueron a la escuela a aprender una habilidad específica solo para trabajar para ti. En este momento, ellos están en una pre-ocupación, porque tú no has comenzado tu negocio todavía. Todos los recursos que necesitas ya están en su lugar; pero se harán visibles en el tiempo de Dios, una vez que comiences a buscar tu visión.

LA PROVISIÓN ES CORRECTA PARA LA VISIÓN

Dios es un Dios de provisión. El es Jehová-Jireh, "el Señor proveerá". Él lo provee todo; pero lo hace hasta después de que comienzas tu trabajo en tu visión. *Tu obediencia hacia tu visión afecta no solo tu vida, sino las vidas de todos aquellos que van a trabajar contigo.* Esto significa que la obediencia hacia la visión no es ningún asunto privado. Afecta a todos aquellos que están supuestos a trabajar contigo y que pueden llegar a afectar tu vida.

Prosperidad significa tener todo lo que se necesita. No significa necesariamente tener una suma de dinero grande en la cuenta del banco, ni tener varios automóviles, tampoco tener una casa muy grande, aunque tal vez necesites todas esas cosas para realizar tu visión. Por ejemplo, debido a mi propósito, mi esposa y yo necesitamos una mesa de comedor muy larga donde podamos sentar a un buen número de personas, puesto que muy a menudo tenemos invitados del ministerio para comer. Esto es parte de nuestra tarea. Tal vez, también puede ser parte de la tuya, dependiendo de lo que estás llamado a realizar. Sin embargo, tal vez seas de los que necesitan una mesa de cuatro sillas en lugar de una mesa de doce, porque solo comes con tu familia. En lugar de usar el dinero en una mesa más larga, puedes usarlo en otras cosas que tengan que ver con tu visión personal o con la visión de tu iglesia. En forma similar, yo tal vez no necesite algo que tú tienes debido a tu propósito. Si yo lo tuviera, sería un exceso. El punto es que Dios provee para todas las necesidades de tus visiones, sin importar cómo son, sean grandes o pequeñas.

USA TU PROVISIÓN

Hace varios años, cuando estaba visitando a un amigo en Detroit, le dije: "Sabes, siempre he querido ir a visitar la fábrica de automóviles de la Compañía Ford Motor. He oído mucho acerca del Sr. Ford y de la manera en cómo ellos hacen los automóviles ahí, y me gustaría verlo en persona". Terminamos pasando toda una tarde en ese lugar. El hombre que dirigía la visita al lugar nos mostró enormes edificios, incluyendo las oficinas corporativas y el lugar donde se diseñan los automóviles. Entonces, nos llevó a mirar otro gran edificio y dijo: "Aquí es donde hacemos toda la producción de las refacciones y partes". Entramos a lo que parecía como un gran edificio, pero había pequeñas bodegas dentro de él. Cada sección tenía un nombre diferente y había millones de piezas y refacciones almacenadas en cada sección. Apunté a una sección y pregunté al guía: "¿Qué es esto?", y él dijo: "Estos son los automóviles que estamos preparando para el año 2005". Entonces dije: "Espera un minuto, apenas estamos en el año 1998". Él dijo: "Sí, pero nosotros estamos como cinco años adelantados. Este es para el modelo del año 2002, este otro es para el año 2003, y este otro para el año 2004, y este es para el año 2005". Cuando yo pregunté si podía ver esos automóviles, él dijo: "No, los automóviles no están construidos todavía. Primero hacemos las partes. Sin embargo, estas no son las partes que vamos a usar en los autos nuevos. Estas son las refacciones en caso de que se necesiten reparaciones".

La compañía hace las refacciones y las partes antes de que ellos construyan los automóviles. Entonces, ellos construyen los automóviles. Por eso es que, cuando algo necesita ser reemplazado en tu automóvil, la parte o refacción ya está preparada. Ellos preparan lo que tú vas a necesitar aun antes de que compres tu automóvil.

A medida que yo escuchaba a nuestro guía que nos explicaba esto, sentí como si el Espíritu Santo me estuviera hablando justo en esa bodega. Él dijo: "Ese es exactamente el significado de Efesios 1:3: *Bendito sea el Dios y Padre de nuestro Señor Jesucristo, que nos ha bendecido con toda bendición espiritual en los lugares celestiales en Cristo*. Todo lo que vas a necesitar para tu visión ya está provisto. Yo tengo todo preparado en grandes bodegas en los cielos. Aun antes de que tú aparezcas en escena, yo ya había preparado todo".

Mi buen amigo Jesse Duplantis me contó una vez acerca de una experiencia que tuvo. Una visión espiritual donde Jesús lo llevó a visitar el cielo. Él ha escrito acerca de esta experiencia en un libro. En un punto, Jesús y él llegaron a un lugar muy grande en el cielo donde había muchísimas bodegas o almacenes. Había nombres en todas esas bodegas, y pudo ver una de esas bodegas con su nombre escrito en ella, así que le preguntó a Jesús: "¿Qué hay en esa bodega?". Jesús dijo: "¿Quieres ver?". Y él contestó: "Seguro. Mi nombre está ahí". Ellos subieron a esa bodega y abrieron la puerta que era muy grande. Adentro, apilados hasta el techo, estaban lo que se veía como un millón de dólares, que representaban en muchas cosas. En la esquina había un espacio pequeño y vacío. Él preguntó: "Señor, todo este lugar está lleno con todas estas cosas maravillosas, pero ¿qué es ese espacio vacío en esa esquina?". Jesús dijo: "Eso es lo único por lo que has pedido hasta ahora".

Después de que él me contó esa historia, me dije a mí mismo: "Yo voy a morir vacío. Voy a limpiar mi bodega antes de que me vaya de este planeta tierra". Cuando vayamos al cielo, la mayoría de nosotros vamos a estar impresionados de todo lo que era nuestro para que lo usáramos en la tierra y que nunca pedimos por ello. Debemos usar lo que hay en nuestras bodegas. Diariamente, deberíamos pedirle a Dios: "Mándame lo que necesito el día de hoy". En 2 Pedro 1:3 dice: *Pues su divino poder nos ha concedido*

todo cuanto concierne a la vida y a la piedad, mediante el verdadero conocimiento de aquel que nos llamó por su gloria y excelencia.
¿Dónde está? Está esperando que tú lo pidas con confianza. Dios no está limitado en nada de lo que necesites.

Lo que a mí me preocupa es que tal vez estés pidiendo algunas cosas *que no te corresponden a ti.* Déjame explicarte. Si vas en busca de la tarea equivocada, vas a necesitar cosas que no puedes obtener, porque la provisión no va a estar ahí, a menos que esa visión sea tuya. Si es la tarea de alguien más, esa persona va a tener su propia bodega de cosas. Algunas veces, hay personas que le piden a Dios lo que Él no les puede dar, debido a que no nos puede dar algo que no nos pertenece. Otra vez, la clave para tu prosperidad es el hecho de conocer la voluntad de Dios para tu vida.

PASOS PARA REALIZAR LA VISIÓN

¿Ha cambiado tu definición de prosperidad como resultado de leer este capítulo? ¿Por qué sí o por qué no?

¿Qué recursos son los que necesitas para realizar tu visión? Haz una lista de ellos, y luego confía en que Dios va a proveer para todas las necesidades de tu visión, tal y como lo ha prometido.

¿Cómo vas a usar la información de este capítulo para ir en busca de tu visión?

13

PRINCIPIO #10: DEBES ECHAR MANO DE LA PERSISTENCIA PARA PODER REALIZAR LA VISIÓN

*Cada verdadera visión va a ser probada
para confirmar su autenticidad.*

El décimo principio es que debemos ser persistentes, si es que vamos a realizar las visiones que Dios nos ha dado. Tal y como escribí anteriormente, debes darte cuenta de que habrá obstáculos que van a venir en contra de ti y de tu visión. Aunque Dios te haya dado la visión, eso no significa que se va a realizar fácilmente. Por favor no pienses que te encuentras exento de esta realidad. Los problemas no van a decir de ti "creemos que no debemos molestarlo". Cuando decides ser alguien, todo va a tratar de impedirte que realices tu visión. Debes estar preparado para todos los retos, porque van a venir.

Piensa acerca de esto: no existe resistencia si no te estás moviendo. Las personas que no están haciendo nada no tienen de qué preocuparse. Si no quieres tener problemas, entonces, no hagas nada importante en la vida. Sin embargo, si estás yendo en busca de tu visión y encuentras problemas, puedes decir: "Gracias, Señor, por lo menos ¡me estoy moviendo hacia adelante!".

Dios dice que, *aunque va a haber tiempos de pruebas, de desilusión y de presión, la visión se va a realizar. El punto no es si se va a realizar o si no se va a realizar; el punto es si acaso nosotros vamos a permanecer fieles a ella en medio de todas estas pruebas, para que Dios la haga una realidad.* Una de las palabras que describe la esencia de la naturaleza de Dios es *fidelidad.* Esto se debe a que Dios es fiel a todo aquello que Él ha decidido realizar, y nada puede detenerlo. Necesitamos manifestar esta característica en nuestras propias vidas.

Otra palabra que nos ayuda a entender la naturaleza de Dios con relación a la persistencia, es la palabra *estar firme* o *permanecer firme.* Permanecer firme o estar firme significa pararse con firmeza en contra de la resistencia. Si estás firme, entonces, cuando venga la oposición, no te darás la vuelta y regresarás por donde viniste. Sino que presionas y sigues moviéndote hacia adelante. La oposición debería fortalecer tu capacidad de resolución y tu estamina.

El *valor* o *coraje* es otra palabra clave con relación a la persistencia. Es la habilidad de pararse cara a cara ante el temor. De hecho, es imposible tener valor *sin* tener miedo. En un sentido, si no tenemos ningún temor, no estamos viviendo en fe. Esto puede sonar como una declaración extraña o rara, pero la fe requiere siempre que hagamos algo que sabemos que no podemos hacer en nuestras propias fuerzas, y este reto frecuentemente nos causa que tengamos miedo al principio. Dios le dijo a Josué: *Sé fuerte y valiente* (Josué 1:6, 9). ¿Por qué Dios dijo esto? Claramente porque

¡Josué debía haber estado muy asustado! El temor, sin embargo, es una cosa positiva cuando hace que nazca el valor o el coraje. Si tienes miedo de comenzar a caminar en tu visión debido a que es muy grande, permite que tu valor cobre vida a medida que le crees a Dios. El valor significa: "Tengo miedo, pero sigo moviéndome". Jesús ama el hecho de que hagamos lo imposible, porque lo imposible siempre es posible con Dios. (Mateo 19:26).

Cuando una persona encuentra su propósito, entonces sí vienen los problemas, pero puede sonreír y decir: "Esto no va a durar mucho. Con Dios, soy más fuerte que esto". Cuando sacas fuerza de Dios, eres más fuerte que tus pruebas debido a que las ves con una luz diferente. Te das cuenta de que cada resistencia en contra de tu visión te da la oportunidad de convertirte en alguien más sabio, y no en alguien más débil. Permite que la oposición te fortalezca en lugar de que te detenga. Pablo dijo que las pruebas refinan nuestra fe y nos hacen mejores. Por esto es que podemos decir: "¡Traigan esos retos!".

VENCE LOS RETOS

Existen muchos tipos de retos y de presiones en la vida. Durante el tiempo que Jesús estuvo en la tierra, nos mostró cómo realizar una visión en medio de tales retos. Él enfrentó problemas y obstáculos similares a los que tú y yo encaramos hoy en día, pero su visión se realizó. Él es nuestro más grande Maestro cuando llegamos al momento de aprender cómo vencer los retos.

PASADO FAMILIAR MUY DIFÍCIL

La vida es muy dura incluso desde su comienzo para algunos de nosotros. Tal vez tus padres se divorciaron cuando eras solo

un niño. Tal vez tu padre es un alcohólico y tu madre es una dro-
gadicta. Tal vez ni siquiera estás seguro de quién es tu padre. O si
sabes quién es, deseas que nunca lo hubieras conocido. Jesús sabe
lo que significa tener un pasado familiar difícil, porque a Él lo lla-
maron "hijo ilegítimo". Nació bajo lo que el mundo consideraba
como "circunstancias sospechosas" (ver Mateo 1:18-25). Pero eso
no lo detuvo de conocer su relación con su Padre celestial, ni de
cumplir con su propósito como el Hijo de Dios. No importa cuál
sea tu pasado, tu relación con tu Padre celestial te va a ayudar a
vencer tus circunstancias difíciles y a realizar tu propósito como
hijo de Dios.

EXPECTATIVAS FAMILIARES

¿Te sientes presionado por las expectativas de tu familia para
ir en busca de cierta profesión o estilo de vida, siendo que tú sabes
que no es el plan de Dios para ti? No siempre tienes que esperar
hasta que seas más grande o hasta que "tengas todo arreglado y
en orden" para que puedas conocer la voluntad de Dios para tu
vida. Tal vez tus padres te han dicho: "Vas a hacer esto", pero
tú sientes un llamado a hacer otra cosa. Jesús enfrentó un reto
similar. Cuando Él tenía doce años de dad, sabía para lo que
había nacido. Pero sus padres terrenales no entendían su visión
o por qué estaba buscando realizarla, aun cuando dijo: *¿Por qué
me buscabais? ¿Acaso no sabíais que me era necesario estar en la
casa de mi Padre?* (Lucas 2:49-50). Luego, cuando Jesús creció, su
madre trató de presionarlo para que realizara su visión prematuramente, y tuvo que decirle a ella: *Todavía no ha llegado mi hora*
(Juan 2:4). Y aunque Jesús respetaba y honraba a sus padres (ver
Lucas 2:51-52), Él tenía que seguir el propósito de Dios para su

vida. Tan difícil como puede ser el hecho de experimentar la desaprobación de los miembros de la familia, debes seguir la visión que Dios te ha dado. Pero, al mismo tiempo, siempre debes mostrarles amor y respeto.

LOS CELOS Y ENGAÑOS DE OTROS

Jesús pasó por todas las cosas que te puedas imaginar. Hubo personas que se pusieron en contra de Él y que continuamente planeaban engaños para hacerlo caer. Había aquellos que les gustaba tenderle trampas a Jesús por medio de hacerle preguntas truculentas. En una ocasión, una multitud lo quiso empujar para que cayera por un precipicio. Los líderes religiosos planearon cómo matarlo. ¿Acaso hay personas que te ponen apodos para insultarte? ¿Sabías tú que las personas le ponían apodos a Jesús también? Ellos le dijeron que estaba poseído por el demonio y que era ilegítimo. Le dijeron que era un glotón y un bebedor. Lo golpearon con todo tipo de cosas. La cosa más dura y más malvada fue cuando le dijeron que estaba lleno del diablo.

¿Cómo es que Jesús venció todo esto? ¿Cómo es que tuvo éxito en su visión? ¿Cómo es que terminó toda la obra que el Padre lo había mandado a hacer cuando enfrentó toda esta oposición? Jesús fue capaz de permanecer tranquilo a través de todas estas pruebas porque lo que Él tenía en su corazón era más grande que todas las amenazas, acusaciones, y más grande que todos los insultos. Él sabía cómo perseverar con un sueño. De la misma manera, *la visión en tu corazón necesita ser más grande que cualquier oposición que venga en contra de ti, para que puedas persistir en el propósito de tu vida.*

EL DESTINO DEMANDA DILIGENCIA

"El destino demanda diligencia". Recomiendo que escribas esta declaración en una hoja de papel y que la pongas donde puedas verla cada día. Si estás a punto de rendirte después de un par de peleas, nunca ganarás. La persistencia es el deseo de permanecer firme en contra de cualquier oposición. Cada vez que vengan los obstáculos, la persistencia responde con actitudes como estas:

"Mejor tú te vas a tener que rendir, porque yo no me voy a detener".

"Quítate de mi camino, porque voy hacia delante".

"No importa lo que yo pierda, todavía seguiré siendo yo mismo, así que, ¡hazte a un lado!".

La persistencia le dice a la vida lo que Jacob le dijo al Señor: *No te soltaré si no me bendices* (Génesis 32:26).

Nehemías pudo haber detenido su trabajo en el muro de Jerusalén debido a todos los problemas, chismes y burlas, pero fue persistente. Estaba determinado a cumplir su visión. Por tanto, nunca vas a ser exitoso a menos que tengas el espíritu de persistencia. La persistencia significa que: insistes en tener aquello que estás buscando. Te paras firme en contra de la resistencia hasta que has acabado con toda ella. Haces que la gente que ha estado peleando contra ti se canse tanto que, o se convierten en tus amigos, o te dejan en paz. Solo te detienes una vez que has terminado todo.

¿QUÉ TANTO QUIERES TU VISIÓN?

Jesús contó una historia acerca de una mujer persistente. Ella apeló incansablemente ante el juez por su petición de justicia, hasta que él dijo: "¡Dénsela a ella!" (ver Lucas 18:2-8). Dios quiere que tú hagas lo mismo. Quiere que digas: "Vida, esto me pertenece". Y si la vida rehusa dártelo el día lunes, regresas el martes y le dices: "Esto me pertenece". Si la vida dice no el día martes, regresas el miércoles y le dices: "¡Esto me pertenece!". Si la vida dice no el jueves, regresas la mañana del viernes, y le dices la misma cosa, y sigues así. La vida eventualmente dirá: "Aquí está, ¡tómala!". Entonces, tú le podrás decir tranquilamente: "Muchas gracias". Muchas personas pierden porque se rinden cuando la vida les dice no la primera vez, pero la gente persistente es la que gana. Estos nunca aceptan un no como respuesta cuando tiene que ver con las visiones.

Sabemos que Dios quiere que seamos guerreros, porque la Biblia nos llama soldados (ver 2 Timoteo 2:3-4). Somos guerreros. Somos gente de batalla. La Biblia también se refiere a nosotros como aquellos "que luchan" (ver Efesios 6:12). Esto es porque no estamos aquí solo recibiendo medallas de parte de Dios. Nos las ganamos a pulso. *Si Dios no quisiera que tú pelearas, Él te habría dado la medalla sin el conflicto.* La Biblia dice: *Ellos lo vencieron por medio de la sangre del Cordero y por la palabra del testimonio de ellos, y no amaron sus vidas, llegando hasta sufrir la muerte* (Apocalipsis 12:11). Algunas personas no tienen ningún testimonio de vencedores. Su testimonio es: "Tuve que atravesar el fuego, y salí todo quemado. Tuve que ir por las aguas, y casi me ahogo. ¡Tengo heridas en mi vida! Déjenme testificarles cómo he sido golpeado toda mi vida". Otras personas son tan "inmaculados y tan correctos" espiritualmente, que puedes saber que ellos nunca han estado en una batalla con el diablo. Pero aquellos que tienen un verdadero testimonio, normalmente no tienen que hablar de ello porque es evidente en sus vidas.

Tal vez tienes muchos golpes y muchas cicatrices, pero debes seguir caminando hacia tu objetivo, confiando en Dios. Se va a poner muy difícil, pero tú tienes todo lo que se necesita para ganar porque *Dios ha prometido que va a estar contigo y realizar los pasos de tu plan.* Me gusta lo que dice Pablo en Romanos 8: *¿Quién nos separará del amor de Cristo? ¿Tribulación, o angustia, o persecución, o hambre, o desnudez, o peligro, o espada?… Pero en todas estas cosas somos más que vencedores por medio de aquel que nos amó* (vv. 35, 37).

Dios ha puesto tanto en ti, que si estás dispuesto a capturarlo, nada te puede llegar a detener. No existe oscuridad o tinieblas suficiente en el mundo como para apagar la luz que Dios ha puesto dentro de ti. La luz de la visión de Dios en tu corazón es tan brillante y tan fuerte, que todas las tinieblas y obscuridad de todo el planeta, o de las opiniones de toda la gente y las tinieblas de los errores pasados, no la pueden apagar.

SOPORTA LA PRESIÓN

La perseverancia, de hecho, significa "soportar bajo presión". Me gusta esta frase de Eleanor Roosvelt, la cual se aplica a toda la gente: "Una mujer es como una bolsita de té: nunca sabes qué tan fuerte es hasta que está en el agua caliente". Aquí hay una analogía similar: las personas que son exitosas son como bolsitas de té. Cuando entran en el agua caliente, hacen té. Cuando la vida los aprieta, no se enojan, sino que hacen algo constructivo con la presión. Perseveran bajo la presión y la usan para su propio beneficio. Las personas que tienen visión son más fuertes que la presión que trae la vida.

He descubierto que algunas veces no obtienes el aroma de una rosa hasta que la aplastas. Para poder sacar el aroma y la fragancia de la gloria de Dios en tu vida, Él va a permitir que seas puesto bajo presión. Muy seguido nos olvidamos que *el carácter se forma con la presión*. El propósito de la presión es deshacerse de todo lo que no es de Dios y dejar solo aquello que es oro puro.

Tal vez te encuentras en medio del fuego en este momento. Es un buen lugar. Ponte a hacer té. Sorprende a tus enemigos con el aroma de Dios. Deja que te presionen para que salga de ti la gloria de Dios. No importa lo que la gente diga acerca de ti, no tomes venganza. Deja que ellos hablen de ti en tu trabajo. No importa lo que ellos piensen. Puedes sonreír, sabiendo que vas a salir de toda esa situación. Las Escrituras dicen que la victoria no es de los que son muy ágiles, sino de aquellos que permanecen hasta el fin (ver Mateo 24:13; Marcos 13:13; Santiago 5:11). Por lo tanto, no huyas; ¡quédate en la pelea! Nadie puede detener a una persona que entiende que la presión es buena para él o ella, debido a que *la presión es una de las claves de la perseverancia*.

ACEPTA EL PRECIO

Déjame confesarte algo: yo desearía no tener que estar haciendo lo que estoy haciendo. No dije que no quiero hacer esto. Lo que dije es que desearía no tener que hacerlo. Esta no es una declaración negativa, sino una declaración realista, porque yo sé cuál va a ser el precio de mi visión. En los siguientes veinte o treinta años de mi vida, sé que el precio va a ser muy alto. Por esto es que le doy gracias a Dios de que, más temprano en mi vida, tuve el privilegio de observar de primera mano el precio que otro visionario tuvo que pagar, y que me dijo: "Myles, hijo, prepárate a pagar el precio". Debido a esa experiencia, he estado preparado para aceptar el precio que tengo que pagar.

En ocasiones, vas a encontrar muy difícil el hecho de permanecer en tu visión. Lo entiendo. También es difícil para mí permanecer en la mía. Las demandas que Dios está haciendo en mi ministerio son muy altas debido a que el llamamiento así lo requiere. Siempre hay un precio que pagar. Alguien tiene que pagar el precio. ¿Estás dispuesto a hacerlo? Necesitamos ser como Pablo, quien fue obediente a la visión que Dios le había dado, aun con tremendo sacrificio.

PROBADOS PARA CONFIRMAR NUESTRA AUTENTICIDAD

Cada visión verdadera va a ser probada para confirmar su autenticidad. Si tu visión es auténtica, la vida la va a probar, solo para asegurarse. No tengas miedo cuando haces una declaración acerca de lo que vas a hacer en la vida, e inmediatamente lleguen las dificultades; pues vienen a probar tu resolución y tu decisión de hacerlo. Todos los líderes, independientemente de sus habilidades y de su relación con Dios, van a enfrentar crisis. Tú eres un líder en el propósito específico que Dios te ha dado para realizar a través de tu don, porque nadie más puede llegar a realizarlo. Una crisis no necesariamente significa que tienes una situación negativa. Solo es un punto crítico donde tu habilidad de liderazgo es probada y madurada. Una crisis te puede llevar a un reto más grande y a la victoria.

Si una visión es detenida o terminada a través de las pruebas, entonces, tal vez no era una visión de Dios. El hecho de conocer esta verdad te puede ayudar cuando estás considerando si vas a formar parte o no de una visión corporativa. Ten mucho cuidado de no involucrarte con proyectos superficiales. Revisa primero todas las cosas de antemano. Pon la visión a prueba.

PREPARADO PARA ENFRENTAR LA OPOSICIÓN

Cuando Dios le mostró a Abraham la tierra que sus descendientes iban a heredar, Él le dijo que todo lo que él pudiera ver iba a ser suyo. Sin embargo, la tierra estaba llena de moabitas, hititas, canaanitas y amonitas, ¡que eran los futuros enemigos de Israel! De la misma manera, cada vez que Dios nos muestra una visión está llena de "enemigos" o de oposición que no podemos ver al principio; al contrario, la visión se ve fantástica. Pero los enemigos están ahí todavía. Por ejemplo, tal vez Dios te ha mostrado un negocio que Él quiere que construyas. Y estás muy emocionado por esto, así que comienzas a hacer planes. Pero en la tierra que Dios te ha mostrado, hay personas que dicen: "¡Solo inténtalo…! ¡Y sobre mi cadáver!". Aunque la promesa ya es tuya, hay ciertos enemigos que tendrás que vencer antes de que puedas ver la realización de esto. Dios no te muestra a todos los "itas" primero, porque no quiere asustarte. Dios está edificando tu fe, preparándote para el tiempo cuando ya estés listo para enfrentarte a la oposición y que la puedas vencer.

Por lo tanto, si estás enfrentando a algunos de los enemigos de la tierra, anímate con el hecho de que tu fe está siendo fortalecida y de que Dios no solo te está capacitando para que puedas estar firme, parado frente a frente con la oposición de tu visión, sino también para que la derrotes y la venzas para su gloria y para su honra.

PASOS PARA REALIZAR LA VISIÓN

¿En qué áreas de tu vida y de tu visión necesitas perseverancia?

¿Qué has tenido que dar y que ahora necesitas recuperarlo otra vez para continuar?

Pídele a Dios que desarrolle fidelidad, firmeza y valor en ti.

Escribe en una hoja de papel el siguiente dicho: "El destino demanda diligencia", y ponlo en un lugar donde puedas recordarlo cada día.

14

PRINCIPIO #11: DEBES SER PACIENTE PARA ESPERAR EL CUMPLIMIENTO DE LA VISIÓN

*[Deben ser] imitadores de los que mediante la fe y la
paciencia heredan las promesas.*
—Hebreos 6:12

El principio número once es que debemos ser pacientes para poder llegar a ver el cumplimiento de nuestras visiones. Otra vez, tal vez se lleve tiempo antes de que tu visión llegue a dar fruto, pero si estás dispuesto a esperar a que esto suceda (lo cual muchas personas no están dispuestas a hacer), llegará a suceder. El escritor del libro a los hebreos nos dice: *Por tanto, no desechéis vuestra confianza, la cual tiene gran recompensa. Porque tenéis necesidad de paciencia, para que cuando hayáis hecho la voluntad de Dios, obtengáis la promesa* (Hebreos 10:35-36). La gente que ha tenido suficiente paciencia ha ganado siempre.

LA PACIENCIA ASEGURA EL ÉXITO EVENTUAL DEL PLAN

Cuando las personas hacen planes para realizar sus visiones, tratan de forzar esos planes para que se ajusten a los tiempos que ellos les quieren imponer o a la manera en como quieren hacer las cosas. Sin embargo, no puedes apresurar una visión. Ha sido dada por Dios, y Él la va a realizar en su propio tiempo. Tal vez te estés preguntando: "¿Entonces, cuál es la razón para desarrollar un plan en primer lugar?". Recuerda que la razón por la cuál haces planes es para modificar tanto y como sea necesario a lo largo de todo el camino, siendo que, al mismo tiempo, te mantienes en la misma visión general. Nosotros no conocemos todas las cosas, ni sabemos todas las cosas, como Dios sí lo sabe todo. Nosotros necesitamos depender pacientemente en su guía para cada paso de este camino. Recuerda que Él promete llevarnos paso a paso, y no de brinco en brinco. Parte de ese proceso paso a paso es el hecho de poder hacer algunos ajustes al plan a medida que las funciones de los propósitos de Dios se hacen más y más claras para nosotros.

Tal y como escribí anteriormente, cuando recibimos nuestras visiones por primera vez no estamos listos para ellas en ese momento. El proceso de la visión nos va a llevar al punto en que vamos a estar listos para que ellas se realicen. Si Dios nos mostrara todo el camino por completo desde el principio, nos resistiríamos a ello. A medida que crecemos y maduramos a lo largo del camino, vamos a ser capaces de seguir la guía de Dios y de ajustar nuestras expectativas y planes de acuerdo con ello. Aprendemos a seguir la guía sutil del Espíritu Santo en nuestra vida donde sucede que "tus oídos oirán detrás de ti una palabra: Este es el camino, andad en él, ya sea que vayáis a la derecha o a la izquierda" (Isaías 30:21).

Otra vez, *siempre debes fijar tiempos para tus objetivos, pero también debes estar dispuesto a modificar esos tiempos; debes estar* seguro de que la visión está llegando en el tiempo correcto. Dios mandó a Jesús para que sea nuestro Salvador más de cuatro mil años después de la caída de la humanidad. Hablando en sentido humano, ese fue mucho tiempo para tener que estar esperando. Pero Él vino tal y como estaba predicho, y en el tiempo correcto. La Biblia dice: *Pero cuando vino la plenitud del tiempo, Dios envió a su Hijo, nacido de mujer, nacido bajo la ley, a fin de que redimiera a los que estaban bajo la ley, para que recibiéramos la adopción de hijos* (Gálatas 4:4-5).

Jesús vino en el cumplimiento del tiempo, y de la misma manera, sucederá con tu visión. Por esto es que necesitas ser paciente con tu sueño o visión a medida que esperas con mucha expectativa que suceda. Si alguien te pregunta algo acerca de ello, diles: "Solo estoy esperando la siguiente jugada". Algunas personas se van a estar preguntando si acaso esto va a suceder algún día. Tú no necesitas estar preguntándote, sino solo estar esperando. Todo va a suceder si estás dispuesto a avanzar al ritmo de la visión.

Si Dios te ha mostrado que vas a ser el dueño de una tienda, pero en este momento lo único que estás haciendo es trabajar en una tienda, entonces, tú puedes estar contento y feliz, sabiendo que lo que ves con tus ojos no es la visión que ves en tu corazón; puedes estar seguro de que tu situación actual es solo temporal. O tal vez en este momento, tu trabajo solo consiste en hacer café para tu jefe. Y al momento "cargas sobre ti la vergüenza" (ver Hebreos 12:2), porque en realidad sabes que vas a ser un gerente general algún día. El hecho de hacer café no te molesta, así que debes hacer el mejor café posible. Tal vez la gente piensa que solo eres una secretaria, pero sabes que vas en camino a convertirte en una supervisora, así que la opinión que ellos tengan de ti realmente no importa. La visión te hace paciente.

LA PACIENCIA TRAE PAZ EN MEDIO DE LA INCERTIDUMBRE

Cuando eres paciente en el cumplimiento de tu visión, eres capaz de estar calmado en medio de la incertidumbre. Por ejemplo, puedes tener paz cuando todos los demás se están preocupando acerca de ser despedidos del trabajo. Nadie puede "despedir del trabajo" a un hijo de Dios. Lo único que pueden hacer es prepararte para tu siguiente posición, lo cual también te preparará para el cumplimiento de tu visión. Puedes soportar la cruz cuando puedes ver el gozo que se encuentra al final de tu visión (ver Hebreos 12:2).

Cuando no tienes visión, te quejas acerca de la cruz. Te vuelves todo frustrado acerca de tu posición. Te enojas respecto a tu salario. Te preocupas al no saber si vas a tener trabajo o no. Gruñes por todos lados. Sin embargo, cuando entiendes la visión, recuerdas que *la visión necesita tiempo y paciencia y muy frecuentemente involucra cambio*. Para ir a un lugar nuevo, tienes que pensar diferente. Como ya escribí anteriormente, la visión te va a mantener continuamente inestable, pero también te va a mantener móvil y fluido, listo para tomar el siguiente paso en dirección de tu visión. Cuando estás en comunión con Dios, tienes que estar moviéndote, pero tienes la seguridad de que Él siempre está contigo a lo largo del camino que lleva a la realización y al cumplimiento de tu visión.

LA PACIENCIA DERROTA A LA ADVERSIDAD

La paciencia también es la clave para tener el poder para derrotar a la adversidad y a la confusión. Si amenazas a un hombre, y él solo espera, tu amenaza se va a desgastar. La Biblia dice que un hombre paciente es mucho más fuerte que un guerrero poderoso: *Mejor es el lento para la ira que el poderoso, y el que domina su espíritu que el que toma una ciudad* (Proverbios 16:32).

Cuando leí este versículo por primera vez encontré muy difícil poder creer que la paciencia es mucho más poderosa que el poder mismo. Pero entonces, vine a entender el poder de la paciencia. Una persona paciente desestabiliza a los demás porque ellos quieren que esa persona reaccione ante la presión, y que se enoje; pero esto nunca sucede. Nada te puede hacer más nervioso que una persona que sabe esperar. Lo intentas todo, y lo único que esa persona hace es esperar. Su espera eventualmente te va a poner nervioso y así vencerá toda la oposición.

Por lo tanto, cuando tienes visión, nadie puede ofenderte. ¿Acaso tus compañeros de trabajo no están contentos contigo? Eso está bien. Es solo temporal. ¿No te dirigen la palabra? Eso está bien. Es solo temporal. ¿Están tratando de detenerte? No hay problema. Es solo temporal. Tu trabajo no es tu vida, solo es un salón de clases que te prepara para el futuro.

LA PACIENCIA GANA LA CARRERA

Mientras que puedas soñar, hay esperanza. Y mientras hay esperanza, hay vida. Es crucial que tú y yo mantengamos nuestros sueños y visiones por medio de esperar pacientemente a que se realicen en el cumplimiento de su tiempo. Santiago 1:4 dice: *Y que la paciencia tenga su perfecto resultado, para que seáis perfectos y completos, sin que os falte nada.* Otros que han ido por delante de nosotros, han tenido que ver cómo su paciencia es probada y esto ha producido paciencia en ellos (v. 3), de tal manera que fueron capaces de ganar la carrera. Nosotros debemos hacer lo mismo. Hebreos 12:1 dice: *Por tanto, puesto que tenemos en derredor nuestro tan gran nube de testigos, despojémonos también de todo peso y del pecado que tan fácilmente nos envuelve, y corramos con paciencia la carrera que tenemos por delante.* ¡Amén!

PASOS PARA REALIZAR LA VISIÓN

¿Has estado tratando de forzar el tiempo del cumplimiento de tu visión? Si es así, ¿lo que has aprendido acerca de la paciencia en este capítulo te permitirá confiar en Dios para realizar la visión en su tiempo?

Anima tu espíritu a medida que esperas pacientemente que tu visión se realice, por medio de memorizar estos versículos esta misma semana:

Y que la paciencia ha de tener su perfecto resultado, para que seáis perfectos y completos, sin que os falte nada.

(Santiago 1:4)

A fin de que no seáis perezosos, sino imitadores de los que mediante la fe y la paciencia heredan las promesas.

(Hebreos 6:12)

Porque tenéis necesidad de paciencia, para que cuando hayáis hecho la voluntad de Dios, obtengáis la promesa.

(Hebreos 10:36)

15

PRINCIPIO #12: DEBES MANTENERTE CONECTADO A LA FUENTE DE LA VISIÓN

Yo soy la vid, vosotros los sarmientos;
el que permanece en mí, y yo en él, ese da mucho fruto,
porque separados de mí nada podéis hacer.
—Juan 15:5

El principio número doce es que, si vas a tener éxito en tu visión o en tu sueño, debes tener una vida de oración dinámica diaria con Dios. ¿Por qué? Porque necesitas comunión continua con la fuente de la visión.

Recuerda que naciste para consultar a Dios, a fin de poder encontrar su propósito para tu vida, y que así puedas descubrir tu visión. Pero, como el "Alfa y el Omega, el Principio y el Fin" (Apocalipsis 1:8), Dios no solo es el autor de tu visión, sino también tu continuo apoyo a medida que avanzas hacia la realización de la visión o sueño. Nunca vas a realizar tu visión sin oración, porque la oración es lo que te mantiene conectado al dador de la visión. Jesús dijo en Juan 15:5: *Yo soy la vid, vosotros los sarmientos; el que permanece en mí, y yo en él, ése da mucho fruto, porque separados de mí nada podéis hacer. Si te mantienes en contacto con Dios, siempre vas a recibir nutrición, tanto en la vida como en la visión.*

LA ORACIÓN NOS SOSTIENE EN LOS REQUERIMIENTOS DE LA VISIÓN

Algunas veces, durante la búsqueda de tu visión vas a desgastarte de preocupación espiritual y emocional, si es que las cosas no parecen estar funcionando para ti. Cuando has sido presionado, criticado y has recibido oposición, puedes llegar a debilitarte en la fe. Es entonces cuando tienes que regresar a tu clóset de oración y decir: "Dios, estoy a punto de rendirme", para que puedas oír: "Lo que tú comenzaste, va a ser terminado". Filipenses 1:6 dice: *Estando convencido precisamente de esto: que el que comenzó en vosotros la buena obra, la perfeccionará hasta el día de Cristo Jesús.* La oración es el lugar donde puedes llevar todas tus cargas ante Dios y decir: "Dios, *lo tengo que lograr*", y Él te va a decir: "Yo estoy contigo. ¿Por qué tienes temor?". *El Señor es mi luz y mi salvación; ¿a quién temeré? El Señor es la fortaleza de mi vida; ¿de quién tendré temor?* (Salmo 27:1). Dios te va a llevar y a guiar a través de tus dificultades, y te va a dar la victoria a través de la oración, la cual debe estar basada en la Palabra de Dios.

Hay muchos días (y noches) cuando llego tambaleándome a mi habitación de oración y digo: "Dios, si tú no me ayudas en esto, prefiero que me lleves contigo. Las visiones y sueños pueden llegar a ser muy demandantes y muy exigentes. Esto puede ser muy difícil si tienes que administrar un negocio. Puede ser muy duro el tratar de comenzar una nueva compañía. Puede ser muy duro el tratar de ir en busca de un nuevo aspecto de tu visión o el hecho de hacer algo que nadie ha hecho jamás. Puede ser muy tensionante el hecho de tratar de ir a la escuela a conseguir un título universitario. Algunas veces, vas a sentir: "¿Acaso alguna vez lo voy a lograr?". Este es un buen momento para correr a buscar a Dios. La oración significa alejarse del ruido y de la confusión de la vida y poder decir: "Dios, yo no voy a regresar allá jamás". Pero si tú le permites a Dios que te refresque y que te anime, para el momento en que termines de orar, dirás: "¡Estoy listo para seguir adelante!".

LA ORACIÓN NOS ANIMA PARA REGRESAR A LA BATALLA

A través de nuestras oraciones, Dios también nos anima para que regresemos a la batalla de la fe. En Isaías 40:31 dice: *Pero los que esperan en el Señor renovarán sus fuerzas; se remontarán con alas como las águilas, correrán y no se cansarán, caminarán y no se fatigarán.* Sí, te vas a cansar, y algunas veces, vas a querer rendirte. Sin embargo, si estás dispuesto a permanecer en oración y a pararte delante de Dios y decir: "Dios, ¡tengo todas mis esperanzas solo en ti!", Él te dará la fuerza.

Cuando llegas a realizar tu visión, y otras personas te ven que estás disfrutando la victoria, ellos se van a sentir orgullosos de lo que has podido realizar. Vas a ponerte tu cinturón como el campeón. Por supuesto, ellos no saben acerca de todos los asaltos que perdiste, o acerca de cómo te tambaleaste al ir de camino a tu esquina para tratar de recuperarte para el siguiente asalto. Un verdadero peleador no lleva sus medallas en el pecho; las lleva en la espalda. Sus medallas son sus cicatrices. Solo muy poca gente va a saber todo lo que tuviste que hacer para poder realizar tu visión. Debes estar dispuesto a llevar las cicatrices, si es que quieres poder portar la corona.

Debes creerme, cada campeón no gana todos los asaltos, pero si persevera, ganará la pelea. Y dado que es en la oración donde recibes la habilidad para poder seguir en la pelea, es crucial que encuentres tiempos durante el día, cuando puedas ir y acercarte a Dios y que le digas cosas como: "Dios, estoy cicatrizado", para que Él pueda confirmarte que está contigo. Él nos dice: *Estoy con vosotros todos los días* (Mateo 28:20). Cuando escuchas esto, es más que suficiente. Puedes llegar a decir: "Vamos a regresar Señor, y vamos a pelear un día más". Y puedes ganar, puedes ser victorioso si estás dispuesto a tomar todo aquello que temes y presentárselo a Dios en oración.

LA ORACIÓN ES EL RECURSO ESENCIAL DE LA VISIÓN

Sin oración, no puedes llegar adonde vas. Habrá ocasiones cuando lo único que vas a tener es la oración. No vas a tener nada de dinero, ni personas a tu lado, ni recursos, solo la oración. Pero eso es todo lo que necesitas. Dios te va a llevar hacia delante.

Cuando todos los problemas y toda la oposición vinieron a Nehemías, él le dijo a Dios: *Acuérdate, Dios mío, de Tobías y de Sanbalat conforme a estas obras suyas, también de la profetisa Noadías y de los demás profetas que estaban atemorizándome* (Nehemías 6:14). Nehemías tomó todos sus problemas y a todos sus enemigos y se los presentó a Dios en oración. Él no escribió una carta donde se estuviera quejando con el editor del periódico. Nunca trató de justificarse a sí mismo. Oró, y Dios contestó su oración para liberarlo (ver vv. 15-16).

De la misma manera, *cuando la gente ataca tu sueño o visión, vé a Dios*. No trates de explicar, ni de dar una respuesta para todo, porque nunca les vas a poder explicar todo a los que te critican. Sus motivos están contaminados continuamente, y ellos van a usar tus palabras en contra de ti. Al contrario, mantente conectado a tu fuente, Dios, para que sea renovado tu propósito, tu fe y fuerza, y vas a ser capaz de perseverar para la victoria. Dios es el único que plantó el propósito de tu vida dentro de ti desde el principio. El se ha invertido a sí mismo en tu sueño o visión, y Él se va a encargar de que se convierta en una realidad. *Por el Señor son ordenados los pasos del hombre, y el Señor se deleita en su camino. Cuando caiga, no quedará derribado, porque el Señor sostiene su mano* (Salmo 37:23-24).

PASOS PARA REALIZAR LA VISIÓN

Establece un tiempo diario de oración con Dios.

¿En qué maneras estás dependiendo de Dios para tu vida y para tu visión o sueño? Dedícate a orar en las áreas en las cuales no estás dependiendo de Dios actualmente. Debes ser honesto con Dios acerca de cómo te estás sintiendo, y debes permitirle que te fortalezca, que te sostenga y que te anime a través de su presencia y de su Palabra.

16

CÓMO ESCRIBIR TU PROPIO PLAN PARA TU VISIÓN PERSONAL

DIOS VA A DIRIGIR TUS PASOS CUANDO HACES UN PLAN CONCRETO PARA MOVERTE HACIA AQUELLO QUE DESEAS.

*Encomienda tus obras al SEÑOR,
y tus propósitos se afianzarán.*
—Proverbios 16:3

La mayoría de nosotros estamos tratando de construir o edificar nuestra vida, sin contar con ningún tipo de pensamiento y ningún tipo de planeación. Somos como un constructor que está tratando de construir un edificio sin tener los planos para hacerlo. Como resultado de esto, nuestras vidas se encuentran fuera de equilibrio y no son nada confiables. Nunca llegamos a realizar el motivo de nuestra existencia y terminamos todos insatisfechos y completamente frustrados. La clave para tener una vida completamente recompensadora y muy productiva consiste en desarrollar un plan específico para poder llegar a realizar la visión personal de tu vida.

El hecho de descubrir e implementar tu visión personal es un proceso de aprendizaje de ti mismo, que te hará crecer continuamente en tu relación con el Señor y en el conocimiento de Él, afinando y resintonizando continuamente tu entendimiento de la visión que Dios te ha dado. Por lo tanto, cuando escribes tu visión en una hoja de papel, debes darte cuenta de que eso no es un producto terminado todavía. Vas a seguir refinándolo a medida que Dios hace que tu propósito se vuelva más claro, a través del transcurso de los meses y de los años, y a medida que llegas a experimentar el crecimiento espiritual y personal. De hecho, sería una buena idea si pudieras revisar tu visión personal en forma regular. Por lo menos cada seis meses o cada año debes apartar un tiempo para ponerte en oración y volver a evaluar dónde te encuentras con relación a tu visión. Vas a tener que añadir o quitar ciertos elementos de tu plan a medida que Dios refina tu entendimiento de su propósito. Eventualmente, vas a comenzar a ver y podrás decir: "¡Esto sí es lo verdadero!". Sin embargo, si tú nunca escribes esto en una hoja de papel, entonces Dios no va a tener nada en lo cual poder dirigirte.

Es mi oración que detengas la construcción de tu vida ahora mismo y justo donde te encuentras, y que vayas y te regreses para escribir y trazar los planos sólidos que te van a guiar hacia dónde quieres ir en la vida a través de la visión que Dios ha puesto en tu corazón.

A continuación vas a encontrar diferentes recomendaciones, sugerencias y directrices para que puedas llegar a descubrir y a desarrollar el plan para tu visión personal.

PASO UNO: ELIMINA LAS DISTRACCIONES

Siéntate en algún lado donde puedas estar solo contigo mismo, lejos de cualquier distracción y de cualquier tipo de responsabilidades, y date a ti mismo algún tiempo ininterrumpido para que puedas ponerte a pensar. Debes hacer esto tan frecuentemente como sea posible a medida que desarrollas tu plan.

PASO DOS: ENCUENTRA A TU VERDADERA PERSONA

Hasta que puedas saber quién eres realmente, y por qué es que Dios te creó y cuál es la razón por la que estás aquí, la vida simplemente va a ser un experimento lleno de confusión. El hecho de responder a las siguientes preguntas te va a ayudar a que tengas más claridad y más confianza con relación a tu identidad personal.

¿Quién soy yo?

¿Quién soy con relación a Dios?

¿De dónde vengo como persona?

¿Cómo he sido creado para parecerme a mi fuente y a mi Creador? (ver Génesis 1:26-28.)

¿Por qué estoy aquí?

Debes escribir en una hoja de papel la declaración de tu propósito. Pregúntate a ti mismo: "¿Cuál es la razón de mi existencia como ser humano y como individuo?". Vas a poder contestar esta pregunta solo después de haber realizado los otros pasos anteriores. Sin embargo, tal vez vas a querer escribir una respuesta ahora y entonces compararla con la respuesta que pienses después de haber ido a través del resto de las preguntas.

PASO TRES: ENCUENTRA TU VERDADERA VISIÓN

Contesta las siguientes preguntas y te asombrarás de la manera en cómo Dios va a comenzar a abrir tu mente a su propósito y a la visión que Él tiene para ti. Vas a comenzar a ver cosas que jamás has visto antes. Debes escribirlas en una hoja de papel, leerlas una y otra vez, debes pensar en ellas, debes orar con relación a ellas y comenzar a formular ideas acerca de lo que quieres de la vida.

Hazte a ti mismo las siguientes preguntas:

¿Qué es lo que yo quiero hacer con mi vida?

¿Qué es lo que me siento inspirado para hacer?

¿Qué es lo que yo haría más que cualquier cosa aunque nunca me pagaran por hacerlo?

¿Qué es lo que yo amo tanto que hasta me olvido de comer y de dormir?

Permítete a ti mismo a pensar libremente. No pongas ninguna limitación de tiempo o de dinero en tu visión. Debido a que la mayoría de nosotros estamos influenciados por las opiniones que muchos otros han tenido de nosotros, así como por nuestras falsas expectativas que tenemos de nosotros mismos, te va a llevar un tiempo el poder descubrir lo que realmente quieres. Persevera a través del proceso y escarba bien profundo para buscar tus verdaderos deseos.

A continuación, siguen las actividades que te van a ayudar a hacer esto.

ACTIVIDADES

1. *Escribe tu propio legado.*

¿Qué es lo que te gustaría que dijera tu obituario?

¿Qué es aquello por lo que te gustaría ser conocido?

¿Qué es lo que te gustaría que los demás (por ejemplo, los miembros de tu familia, tus colegas, tus maestros, empleados, vecinos) dijeran acerca de ti?

Familia. ¿Cómo quieres llegar a ser recordado como esposo, esposa, hijo o hija?

Sociedad. ¿Qué clase de impacto te gustaría dejar en tu comunidad?

Mundo. ¿De qué manera te gustaría que el mundo cambiara solo debido a que tú estuviste aquí?

2. *Escribe la declaración de tu misión personal.*

La declaración de tu misión es una declaración general de lo que hubieras querido realizar una vez que tu vida se haya terminado. Pregúntate a ti mismo dónde es que quieres estar en la vida dentro de uno, cinco, diez, veinte o treinta años. Escribe tus ideas y sigue pensando y orando acerca de ellas.

3. *Resume la visión para tu vida en una sola oración.*

Esta es una declaración específica de lo que quieres hacer en la vida. Tiene que convertirse en lo que te motive y te mantenga yendo hacia delante en dirección de tu sueño o visión.

PASO CUATRO: DESCUBRE TU VERDADERA MOTIVACIÓN

La visión de Dios nunca es egoísta. Siempre va a ayudar y a levantar a otros de alguna manera. Está diseñada para hacer de las vidas de la raza humana algo mejor y para mejorar la sociedad. Inspira y edifica a los demás.

Hazte a ti las siguientes preguntas:

¿Cómo es que mi visión ayuda a otros?

¿Cuál es la motivación para mi visión?

¿Por qué es que quiero hacer esto?

¿Puedo realizar mi visión y seguir teniendo integridad?

PASO CINCO: IDENTIFICA TUS PRINCIPIOS

Tus principios son la filosofía de tu vida. En otras palabras, son la manera en como pretendes comportarte durante tu vida. Debes tener muy claro lo que vas a hacer y lo que no vas a hacer. Estos principios son tu guía para vivir, para hacer negocios, para relacionarte con otras personas y para relacionarte con la vida. Debes establecerlos en tu corazón y en tu mente para que puedas tener parámetros para vivir.

Los diez mandamientos son grandes principios y son un buen comienzo para desarrollar tus propios principios. Por ejemplo, podrías escribir esto: "En mi camino a mi visión, no voy a robar, no voy a mentir y no voy a dar falso testimonio, no voy a adorar a ningún otro Dios, sino a Dios el Padre, no voy a cometer adulterio, no voy a codiciar, etc.".

Escribe en una hoja de papel los principios de tu vida.

PASO SEIS: ESCOGE TUS METAS Y TUS OBJETIVOS

Las metas y los objetivos son los pasos necesarios para realizar tu visión.

¿Qué cosas prácticas necesitas hacer para poder realizar tu sueño o visión?

Las metas y los objetivos son marcas claras que te van a llevar adónde necesitas ir.

Escribe en una hoja de papel tus metas.

Los objetivos son los pasos detallados de tus metas. Estos determinan cuándo es que quieres que sucedan las cosas. Debes de alinear muy claramente todo aquello que necesitas hacer y cuándo es que necesitas hacerlo para que puedas llegar adónde quieres ir. Por ejemplo, si quieres abrir un taller mecánico, y una de tus metas es ir a la escuela para poder aprender mecánica, entonces, algunos de tus objetivos van a consistir en escoger una escuela, llenar la solicitud y comenzar las clases. Los objetivos deben incluir tiempos específicos.

Escribe en una hoja de papel tus objetivos.

PASO SIETE: IDENTIFICA TUS RECURSOS

Ahora necesitas poder identificar todos los recursos que vas a necesitar para la realización de tu sueño o visión.

IDENTIFICA TUS NECESIDADES HUMANAS.

¿Qué tipo de ayuda necesitas de otros para poder realizar tu sueño o visión? ¿Qué tipo de asociaciones personales necesitas tener, y qué tipo de asociaciones personales son las que no debes tener?

IDENTIFICA TU NECESIDAD DE RECURSOS.

¿Qué tipo de recursos vas a necesitar para poder llevar a cabo tu sueño o visión? No te preocupes qué tan grandes lleguen a ser estos, escríbelos en una hoja de papel.

ESCRIBE EN UNA HOJA DE PAPEL TODAS TUS CUALIDADES.

¿Quién eres tú?

¿Cuáles son tus dones?

¿En qué áreas sabes que eres experto?

Escribe tus respuestas en una hoja de papel y entonces haz planes para refinar tus cualidades. Por ejemplo, si tu visión requiere que tengas que hablar enfrente de numerosos grupos de gente, debes comenzar a intentarlo. Al principio, tal vez te va a dar miedo, pero Dios te va a dar las oportunidades para que puedas hablar en diferentes escenarios, de tal manera que puedas llegar a desarrollar tu don. Tú ni siquiera sabes lo que puedes hacer hasta que no lo intentas. Algunos dones maravillosos salen de la gente solo cuando se encuentran bajo presión.

ESCRIBE EN UNA HOJA DE PAPEL TODAS TUS DEBILIDADES.

¿Qué es lo que tu visión necesita y en lo que tú no eres experto en hacerlo? No te avergüences de tus debilidades, porque todo el mundo tiene algo en lo que no son expertos. No tienes el monopolio en esto; sin embargo, debes identificarlas porque Dios va a suplir otras personas para que ellas puedan hacer lo que tú no puedes con relación a tu visión. Necesitas a otras personas en tu vida porque tu visión no puede ser realizada por ti solo.

PASO OCHO: DEDÍCATE A TU VISIÓN

Nunca vas a poder realizar tu visión si no estás dedicado a ello. Vas a necesitar hacer una decisión específica con relación a que vas a continuar con aquello que quieres hacer, reconociendo que Dios puede refinar tus planes a medida que Él te guía a través del proceso. De la misma manera, entrégale tu visión a Dios en forma regular. En Proverbios 16:3 dice: *Encomienda tus obras al Señor, y tus propósitos se afianzarán.*

DEDÍCATE A TU VISIÓN.

ENTRÉGALE TU VISIÓN A DIOS.

ACERCA DEL AUTOR

El Dr. Myles Munroe (1954–2014) fue un orador motivacional internacional, autor de éxitos de ventas, educador, mentor de liderazgo y consultor para el gobierno y las empresas. Fue un autor popular de más de cuarenta libros, entre otros, *El poder del carácter en el liderazgo, El propósito y el poder de la autoridad, Los principios y beneficios del cambio, Convertirse en líder, El principio de la paternidad* y *Los principios y el poder de la visión*.

El Dr. Munroe fue fundador y presidente de Bahamas Faith Ministries International (BFMI), una organización multidimensional con sede en Nassau, Bahamas. Fue director ejecutivo y presidente de la junta de la Asociación Internacional de Líderes del Tercer Mundo.